從努爾哈赤的四大貝勒
到滿清皇朝的十二鐵帽子王，

大清十二鐵帽子王

帝國東昇崛起的霸業基石
亡不待夕的頹垣敗壁。

高文文——著

寫在前面的話

俗話說：「兄弟齊心，其利斷金。」清王朝的建立和鞏固離不開歷代皇帝的聰明才智，更離不開大清宗室王公們的汗馬功勞。乾隆皇帝在談及清朝開國宗室時，曾經毫不吝惜溢美之詞：「我朝開國時，宗室懿親，勤勞佐命，其殊勳茂績，實為史冊罕有。」[1]

確實，從努爾哈赤以父祖的十三副遺甲起兵遼東開始，以其為中心的女真子弟，身歷百戰，艱苦創業，最終結束了女真各部長期分裂的狀態，統一各部，建立大金政權，為滿族的形成奠定了基礎。皇太極繼位後，繼續率領愛新覺羅家族開疆拓土，征蒙古、收朝鮮、統一東北，解決了清室入主中原的後顧之憂。年幼的順治皇帝福臨在諸位叔伯的輔佐之下，取代明王朝，遷都北京，拉開了清朝近三百年統治的大幕。在這一過程中，禮親王代善、睿親王多爾袞、鄭親王濟爾哈朗、豫親王多鐸、

1 《清高宗純皇帝實錄》卷一〇五二，《清實錄》第二十二冊，中華書局一九八六年版，第五十七頁下。

肅親王豪格、承澤親王碩塞、克勤郡王岳託、順承郡王勒克德渾，對內輔佐帝王朝政，對外率兵克敵開疆，為清王朝的建立立下了汗馬功勞，成為清室的中流砥柱。他們也因赫赫戰功被晉封為親王，也就是我們常說的清初「八大親王」，或者是「八大鐵帽子王」。

「鐵帽子王」其實是民間對可以世代承襲，王位無須降等的一種稱呼。它的官方說法叫「世襲罔替」，是清代皇室封爵制度的一種。相比較其他類型的親王，鐵帽子王有三項特權：一是爵位「世襲罔替」，隔代爵位無須降等，可一直保持最初的頭銜；二是俸祿比較優渥，每年享有俸銀一萬兩、祿米一萬斛；三是住宿有恩賜，享一座世襲罔替的王府，又稱鐵帽子王府。

鐵帽子王的待遇如此優厚，那麼這個稱謂又是怎麼來的呢？早在清太祖時期，並沒有形成正式的分封制度，為了獎勵兄弟子侄開疆拓土的功勞，努爾哈赤用滿語稱謂分封諸王，其中地位最尊貴的稱為「貝勒」，這便是具有滿族特色的封爵制度的前身。崇德元年（一六三六），皇太極稱帝，建國號大清，爵列九等，正式頒布了清王朝的封爵制度，並論功行賞，功勞居偉者，被封為親王、郡王，這些因戰功受封的爵位，通常被稱作「功封」。此後清朝皇室又陸續分封了一些王爵，而這部分王爵的獲得者，多是因血緣而受封，又稱為「恩封」，這一階段的封爵制度還僅僅是停留在分封的層面上，並沒有涉及繼承的問題。一直到順治初年，清朝才將襲封制度正式定下並規定：和碩親王一子襲封親王，其餘俱封郡王；郡王一子襲封郡王，其餘俱封貝勒……。乾隆年間，為了彰顯諸王在清王朝開國過程中做出的突出貢獻，鼓勵後世子孫以前輩為榜樣，團結一致，永保大清江山之穩固，規定：「由軍功封晉者，世襲罔替；其餘恩封諸王，襲爵時，皆應以次遞降」[2]，將功封諸王與恩封諸王從繼承方式上加以區別。至此，清代皇室封爵制度中世襲罔替一制最終形成，「八大鐵帽子王」也由此誕生。

我們知道，清代的鐵帽子王並不局限於清初這八家。雍正繼位後，其十三弟胤祥以輔佐之功被冊封為怡親王，成為第九位鐵帽子王，同時也是第一位「恩封」的鐵帽子王。最後三頂鐵帽子則是到了清代後期，由慈禧太后一人頒出，分別是恭親王奕訢、醇親王奕　、慶親王奕劻，他們在後期維護清王朝統治的過程中都起過至關

2 《清高宗純皇帝實錄》卷一〇一八，乾隆四十一年十月條，《清實錄》第二十一冊，中華書局一九八六年版第六五七頁上。

重要的作用。

「鐵帽子王」雖然比較「鐵」，是一頂固定不變的王冠，但「鐵」也僅局限於爵位的名稱。其受封者如果因有權太「任性」，同樣也會被摘掉世襲罔替的頭銜，另換他人。因此，繼承了鐵帽子王的頭銜，並不等於拿到了「免死金牌」，也不是手握「丹書鐵券」，嚴重亂國違法，還是一樣會被替換掉。

本書是一部介紹清代十二家世襲罔替的王爵及其承爵人生平事蹟的傳記。本書依照歷史時間為序，從滿族興起到清廷滅亡，分階段記述了不同時期、不同王爺們的人生軌跡。在這裡，讀者既可以了解諸王的身世和業績，也可以從波瀾壯闊的歷史大背景中了解王爺們對清室的忠誠。

編者

二〇一九年歲末

目錄

第三章

順治——百戰安天下

第四章　永遠的王冠

第五章　王子犯法與庶民同罪

第六章

挽狂瀾於既倒　扶大廈之將傾

後記

第一章

滿語味的王爺

01

努爾哈赤的首創：滿族系列爵位名

生活在中國東北白山黑水之間的滿族，歷史發展悠久，最早可以追溯到夏商周時期的肅慎，戰國以後則改名為挹婁、勿吉，唐時稱為靺鞨，宋代以後又稱為女真。明代萬曆十一年（一五八三），女真人的傑出領袖努爾哈赤以父祖的十三副遺甲起兵，開啟了女真人一統天下的征程；萬曆十五年（一五八七），努爾哈赤在費阿拉建城稱王，定國政、創滿文、改編牛錄、新建八旗，奠定了後世清代統治制度的基礎；萬曆四十四年（一六一六），努爾哈赤在赫圖阿拉（今遼寧撫順新賓）建立後金政權，正式拉開了後來的清王朝的序幕。

努爾哈赤在女真人崛起統一的過程中，逐漸建立起一種具有本民族特色的政治統治體制，即以「貝勒」（也就是漢人常說的親王）為中心的貴族議政制度。清代皇族按照分支的遠近分為「宗室」和「覺羅」兩種，這兩部分皇族以努爾哈赤的父親塔克世為分界，塔克世的直系子孫成為「宗室」，腰間通常束一條「黃帶子」；其叔伯兄弟的後裔則是腰束「紅帶子」的「覺羅」。不管是「宗室」還是「覺羅」，其中最尊貴的人稱為「貝勒」。在努爾哈赤執政時期，貝勒往往具有較大的權力，可以充分參政議政，是具有實權的官職。努爾哈赤和諸位貝勒也就建立了後金統治時期以家族血緣關係為核心的治國方式。

❖「貝勒」緣起

「貝勒」是滿語 beile 的音譯，本意為「堅固的、牢固的、結實的」，用於形容人的時候，往往引申為體格、體能方面，意思為「身體強壯的、有力量的人」。

早在女真一族發展初期，出於生存發展的需求，人們崇尚力量，因此，在部落酋長選舉時，大多會推舉身強體壯、有力氣、有膽量，能夠保護族群不受侵害的「勇士」來擔任。「貝勒」也就隨之成為部落酋長的名稱。

隨著時代的發展進步，已經不需要孔武有力的人擔任部落酋長，作為部落酋長稱謂的「貝勒」，自然而然地轉化為地位較高的官職的稱呼。像努爾哈赤在建立後金稱「汗」之前，就曾被叫做「淑勒貝勒」，意思是「聰明睿智的貝勒」。後金建立後，因為家族統治的需要，努爾哈赤的諸位兄弟、子侄紛紛成為大權在握的貝勒，他們或者是普通的貝勒，或者是掌管有一旗（或是二旗）的和碩貝勒。天命元年（一六一六）努爾哈赤的次子代善、侄子阿敏、五子莽古爾泰、八子皇太極，更是直接被任命為高於所有貝勒之上的「四大貝勒」，和努爾哈赤一起共聽國政。

天聰八年（一六三四），皇太極在考察各國制度之後，發現每個國家的各項制度之間並不互相沿襲，反而是各國在建國之後，分別設立與本國實際國情相配套的規矩制度。因此，皇太極認為「事不忘初，是以能垂之久遠，永世弗替也」[1]。而此時，後金的官名全部承襲自漢人，為維持本民族發展特色，皇太極下令廢除明代官爵名號，推行滿語官職名稱，並用國法加以保障。

在這一過程中，清皇室沿襲了太祖努爾哈赤時的舊例，因諸位「貝勒」地位尊貴，

1 《清太宗文皇帝實錄》卷十八，天聰八年四月丙辰條，《清實錄》第二冊，北京：中華書局一九八五年版，第二三七頁。

遂以此名作為皇室封爵稱謂之一，也就是《清朝文獻通考》中所說的：「太祖肇基，即以國語定爵號，其最尊者曰貝勒。」換句話說，努爾哈赤時期，對家族宗親任命的滿語系列的官職稱號，開創了清代爵位的先河。

至此，原來地位崇高且大權在握的「貝勒」，搖身一變成為皇室爵位封號之一，也就是後世所說的親王。

❖四大貝勒

明嘉靖三十八年（一五五九），努爾哈赤出生在建州左衛一個小部落酋長的家裡，這個家裡育有五個男孩子和三個女孩子，因為人口眾多，家庭並不算富裕。十歲的時候，努爾哈赤的母親喜塔臘氏去世，其父再娶的妻子對他十分刻薄。剛滿十九歲，努爾哈赤就因繼母的挑唆而不得不與父親分家，由於只得到了少量財產，兄弟幾人只能靠採松子、挖人蔘糊口。

正當努爾哈赤弟兄們到處為生計奔波的時候，他們的祖父、父親突然被明朝士兵所殺，始作俑者圖倫城主尼堪外蘭更是慫恿努爾哈赤的部屬反水，最後連努爾哈赤本族宗親也加入叛逃的行列，甚至「對神立誓，欲殺努爾哈赤以歸之」。面對父祖的慘死、敵人的威脅、族人的背叛、親人的暗算，果敢堅強的努爾哈赤帶領眾多兄弟子侄自強不息，走出了一條自己的「創業」之路。從不為外人所道的小人物，最終成為聲勢顯赫的皇室一族。

萬曆四十四年（一六一六）努爾哈赤任用費英東、額亦都、何和禮、扈爾漢、安費揚古為五位議政大臣，共同商討軍政事務。可見，在努爾哈赤起兵初期，因為親族的背叛，其所依靠的主要是幾個外姓固楚（夥伴、朋友）共同戰鬥起家。隨著本家兄弟子侄的逐漸長大、發展成熟，努爾哈赤創業的核心力量，逐步轉移到近親族人身上。他團結家族成員，將本家子弟透過參政議政的形式牢固地捆綁在一起，以血緣關係來維持後金政權的穩定。在這方面，最突出的事件就是四大貝勒的出現和八個和碩貝勒共治國政。

後金的宗室貝勒大體可以分為三種，一種是普通貝勒，主要是普通的皇室宗親。努爾哈赤稱汗後，為了提高宗親貴族征戰沙場的積極性，大力提高本族子弟的地位，其子侄大都稱為「貝勒」，領有眾多的牛錄、阿哈（奴才）等，權力相對較大。

在普通「貝勒」之上，又設有和碩貝勒，也就是旗主貝勒，負責本旗內所有事務的管理，是本旗其他貝勒的主人。普通貝勒皆聽從和依附於和碩貝勒。

和碩貝勒之外，又有四大貝勒。天命元年（一六一六），努爾哈赤建國稱汗，遂封次子代善、侄子阿敏、五子莽古爾泰、八子皇太極為和碩貝勒，按照長幼順序，其國人一般稱代善為大貝勒，阿敏為二貝勒，莽古爾泰為三貝勒，皇太極為四貝勒。此四人不僅僅是一般的和碩貝勒，掌管所轄旗下諸事，更可以直接參與朝政的討論和軍國大事的決策，地位要遠高於其他和碩貝勒。

天命四年（一六一九），為慶祝薩爾滸大捷，努爾哈赤設宴慶賀：「五月初五日，辰時，汗登衙門就座。衙門兩側設涼棚八處，八旗諸貝勒、大臣等分坐八處。大貝勒、阿敏貝勒、莽古爾泰貝勒、四貝勒及朝鮮二大員等六人，賜矮桌以坐。具盛筵宴之。此前，諸貝勒進宴不坐桌，皆席地而坐也。」[2]這裡明確地顯示出四大貝勒與其他和碩貝勒以及普通貝勒的不同：四大貝勒屬後金政治體制的高層人員，位置並坐於汗桌之前；其餘和碩貝勒則分坐於八處涼棚；普通貝勒就只能席地而坐了。可見，此

2　佚名，滿文老檔[M]北京：中華書局，一九九〇年，第八八到八九頁。

時的代善、阿敏、莽古爾泰、皇太極既是掌有一旗（或是二旗）的和碩貝勒，又是地位高於其他和碩貝勒的四大貝勒，或者說是執政貝勒。

這四位貝勒跟隨努爾哈赤南征北戰，立下赫赫戰功。到了天命年間，努爾哈赤的其他子侄甚至是孫子，像岳託、濟爾哈朗等都已長成，並且成長為建有諸多戰功的貝勒。代善、阿敏、莽古爾泰、皇太極四人的政治地位自然就更高了，成為大汗之下，八和碩貝勒之上的四大貝勒了。如此一來，四大貝勒就是後金汗國中最尊貴的宗室尊稱。

四大貝勒不僅地位尊貴，同時也是後金政治的重要決策者。順治年間和雍正年間纂修、校訂的《清太宗實錄》中即曾記載，天命六年（一六二一），努爾哈赤命四大貝勒按月輪流分值，朝中一切事務，都由值月貝勒處理。至此，四大貝勒完全成為後金統治集團的核心，開啟了後世清王朝親王輔政的先河。努爾哈赤也從依靠外姓大臣執掌部族，到順利將國家權力過渡到自家人手中，完成了後金政治制度的過渡。

❖大政殿外十王亭

去過瀋陽故宮的人們都知道，瀋陽故宮的大政殿前，呈雁翅形依次排列著十座亭式建築。離大政殿最近的兩座分別是左右翼王亭，其餘八座自北而南排列。東邊為正黃旗亭、正紅旗亭、鑲藍旗亭、鑲白旗亭，西邊為鑲黃旗亭、鑲紅旗亭、正藍旗亭、正白旗亭，俗稱「十王亭」或者「八旗亭」。這裡是努爾哈赤時期，後金大汗和八旗旗主共同辦公的地方，是清王朝入關之前，八旗制度和「八和碩貝勒共治國政」制在建築物上的集中體現。

努爾哈赤時期，在四大貝勒之下，後金的宗親統治體系中還有一個八和碩貝勒「共治國政」制度。這裡的八和碩貝勒指的是我們前面所說八旗的「旗主貝勒」，簡單點說，也就是「旗主」。

後金政權在不斷壯大的過程中，努爾哈赤沿用女真人的「牛錄製」來管理民眾，並將其推廣。明萬曆四十三年（一六一五）由於人口的暴增，努爾哈赤下令，每三百丁編為一牛錄，五個牛錄成一個甲喇，五個甲喇組成一個固山（旗），每固山（旗）設一個固山額真、兩個梅勒額真作為管理本旗事務的大臣，在他們之上設有旗主，總領本旗。同時將原有的黃、紅、藍、白四色旗子，分別鑲邊，形成正黃、正白、正紅、正藍、鑲黃、鑲白、鑲紅、鑲藍八色旗子，作為區分每個固山的標誌，正式將八旗制度固定下來。皇太極的時候，又在原有的滿洲八旗之外，新增蒙古八旗和漢軍八旗，旗幟不變，統稱為八旗。

此時的努爾哈赤既是後金的大汗，也是八旗的主人，他把牛錄賜給自己的子侄們，成為「貝勒」。隨著轄區的不斷擴大，貝勒們手中掌控的牛錄也越來越多，權力也越來越大。在這些貝勒之上，又有掌管一旗事務、權勢更大的「旗主」，清代文獻中，這些「旗主」又叫「和碩貝勒」（固山貝勒、旗主貝勒、主旗貝勒）。由於自然消亡或者是功過晉降，擔任過和碩貝勒的人數略有變化。天聰九年（一六三五）以前，出任過和碩貝勒的，除了四大貝勒中的代善、阿敏、莽古爾泰、皇太極外，杜度、濟爾哈朗、德格類、阿濟格、多爾袞、多鐸、岳託等人都當過一段時間的和碩貝勒。在八旗制度下，和碩貝勒成為本旗的實際擁有者和最高軍政長官，旗下所有人，不管身分高低，哪怕是占有大量牛錄、在外帶兵征戰的貝勒，也需歸附到各個旗下，聽從本旗和碩貝勒的命令。

天命年間（一六一六年至一六二六年），和碩貝勒阿敏，與其弟齋桑古關係交惡，阿敏懷疑齋桑古行為不端，「對其諸弟之衣食生計，供給便不充裕」。齋桑古多次向大貝勒代善和四貝勒皇太極陳情訴苦，結果，兩人沒有管，也沒有將堂弟的苦楚上奏努爾哈赤，任其遭受堂哥阿敏的欺凌，二人認為「若將弟訴之言，告於父汗，則似誣謗並肩而行之阿敏台吉，將招外人之言，因而不准」。不僅如此，就連齋桑古本人也沒有勇氣將這件事上報給努爾哈赤，只能「生計無著，困苦憂愁」。後來齋桑古與碩託分別前往自己的領地，被眾人誤以為是投降明朝，阿敏直接請求努爾哈赤，將其兄弟之事放在眾人面前，讓大家評評理，如果是自己做錯了，那就懲罰自己；如果是齋桑古做錯了，那就把他交給自己殺掉。幸運的是，努爾哈赤沒有聽從阿敏的意見，最後只是從輕發落，問齋桑古是否願意繼續與哥哥阿敏在一起共同居住，如果不願意，可歸入其他兄弟旗下。

經過這件事情我們不難發現，和碩貝勒作為一旗的主人，對本旗內部是有絕對權威的。任何一個貝勒，都必須依附於父兄的旗下才能生存，不能自己單獨成旗，或者是游離於八旗之外。和碩貝勒是本旗內部人員的主宰，左右著他們的給養，掌握著生殺予奪的大權，除努爾哈赤外，任何人不能干預本旗事務。

除了對下的嚴格支配權，旗內人員不論職位高低、功勞大小，都必須尊敬、拱衛和碩貝勒，否則就會受到嚴懲。天命五年（一六二〇），努爾哈赤率兵攻打明朝，命令莽古爾泰驅逐瀋陽城外的明朝軍隊，莽古爾泰「親自遠逐，該固山大營之兵主總兵官額亦都率領兵眾，不速貝勒，由後緩緩而行」。返回時，莽古爾泰問額亦都，你為什麼不跟著我追擊明軍呢？額亦都說：「我哪知道需要跑這麼遠，你如此快速追殺，我們的兵跟不上。」努爾哈赤知曉此事之後，非常生氣，因為額亦都沒有及時護衛莽古爾泰，沒有盡到一個臣屬應盡的責任，下令逮捕了十幾個扈從的大臣，額亦都本人也沒能逃脫被審判的後果。經審判，額亦都應被判死刑，努爾哈赤念在其既是自己的妹夫，又勞苦功高的份上，免其死罪，革去功勞，沒收三百諸申。

在這種八旗制度之下，由於各旗的和碩貝勒權力相對較大，各自獨立為政，相互之間不加干涉，加上努爾哈赤晚年一直沒有找尋到合適的繼承人選，天命七年（一六二二），努爾哈赤下達汗諭，正式確立了「八和碩貝勒共治國政」的宗親輔政體制。在這種體制之下，八旗的和碩貝勒掌握了後金的所有軍政大權，包括大汗的廢立、軍國大事的決斷、司法訴訟、職務任免、財政大權，等等。這樣一來，和碩貝勒的權力在原有的基礎上又擴大了，成為後金政權的最高統治階層，凝聚了愛新覺羅家族的向心力，為皇太極時期八大鐵帽子王的初步形成奠定了基礎。

02

「古英巴圖魯」大貝勒代善

首位禮親王愛新覺羅．代善，是清太祖努爾哈赤和元妃佟佳．哈哈納扎青的第二子。他歷經努爾哈赤、皇太極、福臨三朝，戎馬一生，為清朝建立立下了汗馬功勞；他三次離皇位只有一步之遙，一生充滿了奇幻的色彩。皇太極繼位後，論功行賞，封其為禮親王，居眾親王之首。乾隆年間，「禮親王」一爵也因代善本人的功績，加世襲罔替，成為清初「八大鐵帽子王」之一。

代善是清朝開國初期著名的歷史人物，也是清朝早期統治集團中的核心人物之一，他的一生也可以說是一部清王朝的崛起發展史。十六歲時，代善開始隨著父親努爾哈赤征討扈倫諸部，初露鋒芒，因功被封為「貝勒」；烏碣岩一役，代善一戰成名，被授予「古英巴圖魯[3]」的稱號。努爾哈赤建立後金汗國後，代善和弟弟阿敏、莽古爾泰、皇太極一起晉升為「和碩貝勒」，成為後金政權中一人之下萬人之上的四大貝勒之首，地位僅次於其父努爾哈赤；薩爾滸之戰，代善因為優異的軍事才能，成為後金一方的主將，為後金戰勝明朝發揮重要的作用。軍事上的節節勝利使代善的野心膨脹，在兄長褚英被廢後，代善成為下一任汗王實際繼承人，卻在與繼母的關係、與父親爭奪住宅、對兒子不善等事情的暴露之後，被努爾哈赤免去了繼承人的資格，但仍舊與其他幾位和碩貝勒一起執掌軍國大事，為清王朝統一東北、定鼎中原打下了堅實的基礎。

❖古英巴圖魯

明萬曆二十七年（一五九九），代善第一次隨父出征哈達、輝發、葉赫諸部，因作戰勇猛，事後被封為「貝勒」。前面曾提到，「貝勒」是女真時期權力地位較高

3　巴圖魯，源自蒙古語的「英雄」。

的官職，萬曆十七年（一五八九）以前，也只有努爾哈赤和弟弟舒爾哈齊可以稱為「貝勒」。兩年後，代善的兄長、努爾哈赤的長子褚英開始升做「台吉」，一直到萬曆二十七年（一五九九），兄弟二人才一起被封為「貝勒」。史書中雖然沒有直接描繪代善在這場戰役中是如何英勇殺敵、衝鋒陷陣的，但從戰後的分封來看，其戰績應該是比較卓著的，而且得到了努爾哈赤的讚賞，否則他也不會以小小的年紀就獲得了和哥哥一樣的稱號。

如果說這次戰役只是代善從軍生涯中的一次牛刀小試，那麼萬曆三十五年（一六〇七）的「烏碣岩之戰」則讓代善開始在女真軍隊中嶄露頭角。這一年，因不堪忍受海西女真烏拉部的欺凌，東海女真瓦爾喀部裴優城（今吉林琿春三家子鄉古城村）城主策穆特赫，來到建州女真拜訪努爾哈赤，請求道：「我們的領地因為距離您的領地比較遠，所以之前投靠了較近的烏拉部，可是他們的首領布占泰不但沒有善待我們，還經常欺壓我們的民眾。我們願意歸附您，希望您能派兵前去把我們的部眾接過來。」面對突如其來的好處，努爾哈赤很快便同意了策穆特赫的請求，隨後他派弟弟舒爾哈齊、長子褚英、次子代善，以及費英東和扈爾漢二位大臣，率三千兵馬一起前往裴優城，護送瓦爾喀部歸附。

就在他們前往裴優城的途中，一天夜裡，天氣陰沉晦暗，前方的旗子上忽然白光閃耀，眾人見了後驚訝不已，有人把旗子放倒，用手去摸，卻發現什麼都沒有，等把旗子重新豎起來之後，白光又出現了。面對此景，舒爾哈齊憂慮地說道：「我自幼隨軍出征，到處都去過了，從來沒見到過如此怪的現象，想必這是大凶之兆，不宜出兵，還是班師回朝吧。」這時，年輕的代善勸阻道：「或凶或吉，兆已定，吾等何所見而遽還，且何以報皇父命耶？」[4] 說完便率兵卒強行行軍，並順利地抵達了裴優城。

大軍在裴優城及周邊收取了五百戶瓦爾喀人，由費英東和扈爾漢領三百兵將先行護送他們回建州。烏拉部的頭領布占泰，本是在努爾哈赤的扶持下登上烏拉貝勒的位置，為了感激努爾哈赤的支持，布占泰在掌握大權後，先後將自己的妹妹滹奈、侄女阿巴亥嫁給努爾哈赤，努爾哈赤也將自己的女兒嫁與布占泰為妻，雙方關係往來非常密切。但是，這種靠利益維護的關係並不長久，布占泰在得知裴優城城主的

4 《清太祖高皇帝實錄》卷三，丁未年正月乙丑條，《清實錄》第一冊，中華書局一九八六年版，第四十八頁。

背叛之後，非常氣惱，遂發兵一萬，於途中攔截。

建州的三百護衛部隊與烏拉部的一萬追兵在圖們江畔的烏碣岩（今朝鮮境內）對陣。面對兵力懸殊的實際情況，扈爾漢等人一面快速將五百戶民眾安排到山上安營，同時將自己的兵力分成兩部分，留下一百名士兵守衛，另外兩百名士兵圍繞全山做防禦；一面派人給還留在裴優城的舒爾哈齊等人送信，請求支援。

一夜無事，第二天早上，烏拉部士兵營前叫陣，大將揚古利率兵應戰，殺死敵軍七人。烏拉士兵面對氣勢洶洶的建州軍，很是畏懼，連忙後退過河去，到對面的山上安營紮寨，與建州的人馬隔岸相對，錯失了獲勝的大好時機。

下午的時候，舒爾哈齊和褚英、代善三位貝勒帶兵趕到。為了鼓舞將士們的士氣，代善高聲說道：「爾等兵士勿慮之，此布占泰曾與我交戰，為我生擒，以鐵索繫頸，收而養之。乃經我如此豢養遺歸，主烏拉國之人。此布占泰乃我手中放出之人也！時隔未久，其人依舊，勿慮其兵眾多，我有天賜之弘威，又有父汗之大名，我等必能擊敗其兵！」[5]代善的這一番話，不僅鼓舞了本部人馬的士氣，也滅了布占泰的威

5　《滿文老檔》，丁未年條，第一到二頁。

風，使得一萬兵馬的烏拉軍在建州人面前毫無顏面可言，因而，大大激勵了建州士兵們的戰勝之心，紛紛發誓願赴湯蹈火，在所不辭。

代善與大哥褚英分別率領五百兵將渡河，從兩個方向對烏拉部進攻。據《滿文老檔》記載，代善「猶如未睜眼之小犬」，一馬當先，衝殺在前，即使自己的部下沒有及時護隨也毫不畏懼。針對敵眾我寡的戰爭形勢，代善沒有蠻幹，而是採用擒賊先擒王的戰術，奮勇追擊烏拉部的主帥、布占泰的叔叔博克多。當二人的戰馬逐漸靠近時，代善伸出左手，一把抓住博克多的頭盔，將其拉下坐騎，同時揮舞右手的大刀，手起刀落，將博克多斬於馬下。代善出色地完成了對敵軍將領的斬首行動，打亂了對方的陣腳，為建州軍的勝利奠定了基礎。隨後，代善又斬殺了前來救護的博克多之子，和其他建州士兵一起生擒了大將常柱父子和胡里布，殲滅三千烏拉軍，繳獲馬匹五千匹，盔甲三千副，最終以建州女真大獲全勝告終。

當代善押著戰俘，帶著戰利品和叔父舒爾哈齊、哥哥褚英一起回到赫圖阿拉（今遼寧撫順新賓）後，努爾哈赤非常高興，特別賜予代善「古英巴圖魯」的稱號。「古英巴圖魯」，是滿語的音譯，「古英」，意思是刀把頂上鑲釘的帽子鐵；「巴圖魯」，是勇士的意思。兩個詞合在一起，意思是堅硬如鐵的勇士，也就是勇士之最。清代被賜予稱號的人相對較少，這是對有功之人的一種特殊褒獎，在十二位鐵帽子王中，也只有代善一人有巴圖魯的榮譽稱號，可見努爾哈赤對這個兒子武藝技能的肯定。

❖南征北戰，殺伐果斷

代善不僅作戰英勇，在軍事決策方面，也善於分析形勢，把握時機，積極為努爾哈赤的軍事行動獻計獻策，展現出一代大將的風範。

烏碣岩之戰後，烏拉部雖有所收斂，但依舊沒有放棄擴張的野心。兩家的姻親關係還在繼續，布占泰甚至又求娶了努爾哈赤的四女兒穆庫什，但沒過多久，布占泰就一反常態，先是堅持要娶努爾哈赤已經下過聘禮的葉赫部卜寨貝勒之女東哥格格（俗稱葉赫老女），隨後又囚禁了已經是自己妻子的兩位建州公主，甚至用 箭（又叫響箭或者鳴鏑，是一種骨木混合的製品）射殺努爾哈赤的侄女娥恩哲，這一切都讓努爾哈赤忍無可忍。

面對布占泰的一再挑釁，努爾哈赤只得出兵討伐。明萬曆十一年（一五八三），建州軍正式對陣烏拉部的三萬大軍。這時，努爾哈赤有些猶豫，他擔心建州和烏拉部的實力相當，不能一次性將其消滅，反而留有遺患。其實，這個時候的烏拉部經過前幾次大戰已經元氣大傷，雖然在布占泰的領導下有所恢復，但並未達到以前的水準。如果建州這次不能乘勝追擊，給烏拉部以致命性的打擊，假以時日，烏拉部很快便會抓住機會休養生息，國力變強，到那個時候建州再想滅烏拉部就很難了。

代善正是看準了這次千載難逢的好機會，冒著被努爾哈赤責罰的危險，上諫道：「初所慮者，如何誘布占泰兵出城，今其兵已至郊野，返不出擊斬殺，若知如此，何必餵飽馬匹，整備盔甲、鞍轡、弓箭、刀槍！」[6] 意思是說，既然不攻打烏拉，我們何必勞師動眾，遠道而來呢？努爾哈赤聽了兒子這段話後，立刻改變了自己的想法，迅速出擊，殺敵萬餘人，繳獲盔甲七千餘副，盡滅烏拉部。

如果說把握戰機，是代善為建州滅烏拉贏得了先機，那麼，善於分析戰場形勢，則是代善為後金政權開啟了對外征戰的第一步。天命三年（一六一八）四月十三日，努爾哈赤以「七大恨」立誓告天，出兵反明，進攻撫順。第二天，努爾哈赤帶領的

6 《滿文老檔》卷二，癸丑年正月條，第一六到一七頁。

軍隊抵達斡琿鄂謨，到了晚上天氣陰晴不定，努爾哈赤的心情也隨著這忽而飄來的大雨多有起伏。最後，他以陰雨之天不利於進攻為由，決定撤兵，不再攻打明軍。前一天剛剛大張旗鼓地討伐明朝，第二天晚上就因為下雨而班師，努爾哈赤這個決定無疑是一個草率之舉，如此出爾反爾，勢必會動搖軍心，並帶來不可預知的後果。

代善在得知父汗退兵的意圖之後，極力勸諫道：「我與明和好久矣，因其不道，是以興師，今既臨其境，若遽旋師，將與明修復和好乎，抑相仇怨乎！軍行遠地，誰能諱之？天雖雨，吾之軍士，皆有禦雨之衣，所用弓矢，亦有備雨之具，更有何物慮沾濕耶！且天降此雨，以懈明邊將之心，使吾進兵，出其不意耳。是雨利於我，不利於彼也。」[7]

代善的這番話，從政治和軍事兩個層面對這次出兵進行了形勢分析。首先，政治上，是「和」還是「戰」。後金在建立之前本是明朝的建州左衛，與明朝是君臣關係，這是「和」。後來努爾哈赤建立後金政權，從明朝的藩籬中脫離出來，獨立成國，後金要想強大，不再受明朝的掣肘，與明朝必有戰爭，所以，代善認為這場戰

7　《清太祖高皇帝實錄》卷五，天命三年四月寅己條，第七〇頁。

爭是在所難免的。況且，當時的情況是，後金已經出兵，天下沒有不透風的牆，這麼大規模的軍事行動是瞞不住明朝的，所謂「軍行遠地，誰能諱之」，明朝廷很快便會得到努爾哈赤等人「反叛」的消息，然後加固工事，積極防禦，這個時候退兵，以後再想進攻就難了。其次，軍事上，兵貴神速，出其不意，克敵制勝。大雨雖然使後金在行動上有諸多不便，但也會令敵方懈怠，這正是後金進攻的大好時機，有利於後金突襲獲勝。

代善的這番話有理有據，正確預判了當時的戰爭形勢，從大局出發，點明了後金軍隊只能前進不能後退的原因，切中要害，對於穩定軍心，激勵努爾哈赤的戰鬥意志十分重要。努爾哈赤在聽取了代善的諫言之後，認為兒子說得十分有道理，立刻改變了退兵的想法，下令繼續前進。恰巧這時天氣突然放晴，努爾哈赤滿心歡喜，認為這次出兵是天意所在。後金將士在努爾哈赤和眾位貝勒的帶領下，一鼓作氣，接連攻下撫順、東州、馬根丹三座城池，以及臺堡五百餘處，俘獲人畜三十餘萬，翻開了後金與明朝關係的新篇章。

其實，真正顯示代善軍事才能、指揮才能的當屬薩爾滸戰役。撫順一役後，後金的實力徹底暴露在明朝統治者面前，為了消滅東北的這股反叛勢力，明廷派出了以楊鎬為遼東經略的四路大軍，合擊赫圖阿拉，企圖一舉圍剿後金政權。努爾哈赤在冷靜地分析了四路大軍的軍事力量對比之後，發現明軍的主力其實是西路軍杜松一部，只需先集中力量對付此路大軍。因此，努爾哈赤立即對諸位貝勒下達了此次戰爭的作戰方略：各個擊破，即不管明軍是幾路大軍，只需先集中力量對付西路軍，其餘三路再逐個擊破。

代善奉命率領諸位貝勒作為先頭部隊，帶兵迎戰西路軍。行軍途中，前方探子來報，西南清河方向發現了明朝軍隊的蹤影。代善認為，清河路遠而且山路崎嶇，以明軍的腳力，到不了那麼快，只需留下二百人防守，大部隊還是應該按照既定的戰略，集中兵力對付西路軍。

幾個月前，為了抵禦明朝的進攻，努爾哈赤曾經派出一萬五千名築夫到薩爾滸（今遼寧撫順東大夥房水庫）山採石，送至對面的界凡山構築防禦工事，同時派出四百名騎兵前來護衛。界凡山是險要之處，杜松率領明軍到此後，即留下兩萬兵馬駐紮在薩爾滸山，自己則親自率領一萬人馬準備渡過渾河，襲擊界凡山上的後金軍隊。當代善帶領眾人趕到薩爾滸山附近時，遇到了正準備渡河的明軍。代善來不及稟報努爾哈赤，直接將八旗子弟分成左右兩翼，另外派一千名勇士從界凡山的絕壁吉林崖登頂，與原本守在那裡的四百將士會合，一起從山上往山下攻擊明軍；待山上的人發起總攻時，右翼四旗的將士則從山下往山上攻打，對明軍形成前後夾擊之勢；剩下的左翼四旗則留下來監視薩爾滸山上的明軍。整個計畫將明軍主力分割成兩個部分，圍而殲之，最終全殲明軍西路軍於薩爾滸，取得了決定性的勝利。

在這次戰役之前，代善本來是正紅、鑲紅兩旗旗主，但是在實際戰爭中卻可以直接調配整個八旗的兵力，可見其在軍事上的權力已經遠遠超過了一旗旗主的職權範圍，成為僅次於大汗努爾哈赤的後金最高軍事長官。

❖不稱職的汗位繼承人

烏碣岩一戰，代善展現了軍事才華，很快受到了努爾哈赤的器重。在長子褚英被廢除汗位繼承人之位後，努爾哈赤將更多的希望寄託在了代善身上，甚至公開表示：「在我百年以後，我的兒子和福晉們都交給大阿哥（代善）撫養。」委婉地表達了代善將繼承自己的衣缽、成為下一任大汗人選的意願，給了代善政治上的優厚待遇。

八旗制度建立後，努爾哈赤親領兩黃旗，餘下全部分給自己的子侄分領，而代善是除了努爾哈赤之外，唯一一個同時擁有兩旗（正紅旗、鑲紅旗）的旗主。僅從擁有旗人數量上來看，代善在八旗中的地位就要遠超同輩兄弟，只是位居努爾哈赤之後。

天命元年（一六一六），努爾哈赤與明朝徹底決裂，建立後金政權，封代善等四人為和碩貝勒，按照年齡大小，代善又被稱為「大貝勒」，位居「四大貝勒」之首。當然，代善也沒有辜負努爾哈赤的期望，在滅烏拉、攻撫順的戰役中積極出謀劃策，為後金軍事的發展打下了基礎；薩爾滸之戰中，代善更是成為實際意義上的副統帥，帶領八旗子弟取得了一個又一個的勝利。

但是，繼承人的位置不是那麼好坐的，就在代善政治、軍事地位日漸升高的時候，接下來幾件事情，卻使得代善失去了繼承人的身分。天命五年（一六二〇），努爾哈赤得到密報：大福晉袞代派人給大貝勒代善、四貝勒皇太極分別送飯菜，大貝勒吃了，四貝勒沒吃；大福晉袞代一天兩三次派人到大貝勒家裡，不知道在謀劃什麼，而且大福晉有好幾次深夜出院門。言外之意，大福晉袞代與大貝勒之間關係有點曖昧。努爾哈赤聽到此事之後，立刻著手派人調查，卻沒有得到相關證據，恰巧在這個時候，大福晉在家宴時盛裝打扮，對著代善眉目傳情，努爾哈赤知道之後，以大福晉私藏財物為由，將其逐離。代善雖然沒有受到任何懲罰，但父子之間的裂痕已經開始產生。

不久之後，努爾哈赤決定將居住地從界藩搬到薩爾滸，並親自分配了諸位子弟的住處。代善在考察了各處之後，發現自己長子岳託的房子要比自己的那棟更合心意，因此前後三次向努爾哈赤請求換房。努爾哈赤不但沒有生氣，反而一一滿足了兒子的需要，在他看來，儘量滿足兒子的需求是一個父親的基本職責。但後來孫子碩託的「出逃」卻徹底改變了努爾哈赤對代善的看法。

同年九月，有人告發，碩託（代善次子）和齋桑古（阿敏弟弟）叛逃明朝。二人被抓回來後，代善幾次請求誅殺碩託，努爾哈赤在調查後發現，事情根本不像代善所言，反而是代善聽信了現任妻子的讒言，苛待已經成年的兩個兒子岳託和碩託，代善完全沒有盡到一個父親應盡的責任。努爾哈赤因此大怒，很嚴厲地訓斥代善：「你也是我以前妻子的兒子，你怎麼不想想自己的出身？你聽信現任妻子的讒言，虐待自己的親生兒子，導致他們產生困擾。你為什麼不能像我對待你一樣，對自己的兒子們好一點呢？」由此，努爾哈赤認為代善對自己的兒子過於殘忍，將來必不能善待家族中的子弟，不適合做後金未來的大汗，因而「廢除」了代善汗位繼承人之位。最後，代善親手殺掉現任妻子，以此向父汗請罪。雖然繼承人之位被廢除，但努爾哈赤並沒有將代善徹底排除出最高統治層，仍然將其作為四大貝勒之首，仍然允許其參與軍政大事決策。

經過這一系列事件之後，努爾哈赤直接放棄了冊立繼承人的想法。為了使後金的事業發展壯大，努爾哈赤在權衡利弊之後，決定依靠家族宗親力量來運行後金的政權體制。在這種體制之下，家族的團結就顯得尤為重要，因此，努爾哈赤特別帶領代善等諸位貝勒，一起告天立誓：「吾所禱於皇天后土者，吾子孫中縱有不善之人，天俾勿同氣推刃，開戕害之端，其不善之人，惟天誅之。若不俟天誅，存心戕害，天地鑒之，奪其算，無克永年。或於昆弟之中，有所行悖亂者，不忍傷殘，以義理所在，殷勤教誡，感格愚頑，使自悔悟。天地其眷顧之，神祇其呵護之，願我子孫，祚永百世，以及萬年。用茲虔告，尚其無咎既往，鑒乃來茲。」[8]用宣誓來約束諸王之間的行為，從而使各方面利益達到平衡。

在這種情況下，「八和碩貝勒共治國政」制便應運而生。代善也由原來的一人之下萬人之上的汗位繼承人，轉變成八個共輔國政的貝勒之一，自此也開啟了禮親王一門三代忠義輔政的發展道路。

8　《清太祖高皇帝實錄》卷七，天命六年正月甲申條，第九九頁。

第二章

皇太極——戰功賞來的爵位

在清朝，「鐵帽子王」的地位是極高的。皇太極冊封了兄弟子侄共八個親王和郡王，他們是最早的鐵帽子王。這八位皇室成員個個驍勇善戰，在清初開疆拓土和挺進中原的過程中，留下了各自的威名，立下了赫赫戰功。其中，濟爾哈朗伐朝鮮、征蒙古，平定了東北；多爾袞大敗明軍，使得後金入主中原的步伐又前進了一大步；岳託勇猛克濟南，帶領後金左右兩翼大軍深入關內，使得明朝在山海關外就只剩下寧遠一座孤城，京城門戶失去遮罩，危機重重；阿濟格出兵陝西，大敗李自成，占領河南、湖廣、江西和南京等地；多鐸攻克南京，碩塞俘虜朱由崧，為繼續統一全國奠定了基礎；豪格英勇對戰張獻忠，徹底平定了四川。

明萬曆十一年（一五八三），努爾哈赤於遼東起兵，帶領兄弟子侄，櫛風沐雨，以百戰統一了女真各部，並建立後金政權。那時的愛新覺羅家族還只是一個小家族，由努爾哈赤六祖和二十二個兒子組成。到皇太極時，皇族成員約有一百人。再到清軍入關之初，發展到四百多人。在努爾哈赤的子孫中，幾乎所有人都是英勇善戰之人，可以說龍虎兄弟出於一門。

後來，努爾哈赤建立八旗，使得數以萬計的女真人不再各自為戰，而是融為一個整體。從此他們分享共同的權利和義務——既有平均分配土地和戰利品的權利，也有「出則為兵，入則為民」的義務。這種社會組織或者說軍事組織，為清朝成功建立並且統治中原幾百年，提供了便利。

入主中原之後，努爾哈赤的後人也基本上保持著高度的憂患意識和清醒頭腦，憑藉著以空杯心態學習和吸收漢族文化思想、文化、政治，順利完成了從「入侵者」到執政者的角色轉換，強調自己「以馬上得天下，不能馬上治之」。

為了讓兄弟子侄更加投入地為統一大業服務，努爾哈赤開始對他們進行分封。不過，他只是基於親疏遠近，分封「大貝勒」、「和碩貝勒」、「旗主貝勒」等富有滿語味的稱號，還沒有明確的封爵制度。直到崇德元年（一六三六），皇太極成為皇帝，開始借用明代宗室的一些名號，列爵九等，分別為親王、郡王、貝勒、貝子、鎮國公、輔國公、鎮國將軍、輔國將軍、奉國將軍，依次進行封爵。皇太極的這次封爵主要按戰功來定，功勳卓著的，被封為親王、郡王。從此，清朝的封爵制度才走上正軌。

01

皇太極以軍功分封諸王

相傳元末，元都城被朱元璋攻破，末代皇帝元順帝棄城北逃，後病死於應昌府（今內蒙古克什克騰旗西達來諾日附近），傳國玉璽「制誥之寶」從此下落不明。「傳國玉璽」是中原王朝皇帝世代相傳的寶物，得到它如同得到了天意的支持。兩百多年後，有牧羊者發現「制誥之寶」，後被蒙古林丹汗所獲，對他統一蒙古各部起到了推波助瀾的輿論導向作用。再後來「傳國玉璽」輾轉落入多爾袞手中，天聰九年（一六三五）八月，多爾袞將這一元代玉璽獻給皇太極。同時，除「傳國玉璽」之外，林丹汗皇室珍藏的另外兩件寶物也被皇太極收入囊中，即瑪哈噶喇佛像和蒙古文金字《甘珠爾經》，這三樣堪稱「北元皇史三寶」。這「三寶」尤其是「傳國玉璽」，為皇太極統一蒙古諸部，進而入主中原立國稱帝提供了良好的輿論基礎。

從八月初多爾袞獻「傳國玉璽」給皇太極開始，到第二年的四月初，眾貝勒齊上表勸進，之前投降的漢臣也上奏曰：「人當順天而行，天之欲皇上受此尊號也，豈必諄諄然命之乎，玉璽既得，諸國皆附，人心效順，是即天意所在也，今上宜順天應人，早正尊號，以承大統。」[1]眾人認為皇太極得到「天賜之寶」，是一統萬年的吉兆。諸王和大臣也紛紛請願，進而論證，這些幾乎成為此時後金全部政務的重點。皇太極推辭幾次後，從汗位即皇帝位，改元崇德，定國號為清。可以說，皇太極將獲得「傳國玉璽」一事，變成了一個重大決斷的輿論推手，將個人的「心意」變成了「天意」。

登基之後，戰事仍然不斷。對於後金這個「射獵為生」的民族來說，戰爭好像是解決一切問題的法寶，例如可以掠奪人口、財物，或者從戰勝攻取中維持旺盛的群體精神，保持民族善於騎射的優勢，獲得更大的勢力範圍，甚至統一全國。為了讓兄弟子侄更有熱情地為這一家族的發展效力，皇太極登基之初，就開始以軍功分封諸王。

1　《清太宗文皇帝實錄》卷二六，天聰九年十二月甲辰條，第三四二頁。

崇德元年（一六三六），皇太極冊封代善為和碩禮親王，濟爾哈朗為和碩鄭親王，多爾袞為和碩睿親王，多鐸為和碩豫親王，豪格為和碩肅親王，岳託為和碩成親王（後因事犯錯降為貝勒，崇德四年去世，追封克勤郡王），阿濟格為多羅武英郡王。[2]這次分封有親王、郡王七人，貝勒二人。另外，代善第三子薩哈璘原為貝勒，此前一直臥病，當時未能封王。就在皇太極分封諸王后一個月有餘，薩哈璘因病去世，皇太極前去祭奠，表現出無盡的悲傷，隨後追封他為和碩穎親王。這次分封的親王，都是努爾哈赤時代和皇太極即位之後統率大軍征戰南北的宗室成員，他們在統一女真各部、征戰蒙古和朝鮮以及後來對明王朝的作戰中，都立下了赫赫戰功。此次分封基本奠定了後來所謂「八大鐵帽子王」的基礎。

2 《清太宗文皇帝實錄》卷二八，天聰十年四月十二日條，第三七一到三七二頁。

02

伐朝鮮、征蒙古，濟爾哈朗主戰東北

❖生性寬厚的主帥

濟爾哈朗是和碩莊親王舒爾哈齊的第六子，清太祖努爾哈赤的侄子，在父親去世後就被努爾哈赤養在宮中，和努爾哈赤的兒子們生活在一起，受到了良好的教育，而且極受寵愛。他與努爾哈赤的兒子們關係很好，尤其是與皇太極親如兄弟。他追隨伯父努爾哈赤和他的兒子們，南征北戰，建立了戰功，也因此逐漸受到重用，得到了信任。可以說，他是靠真本事成為清初四大親王之一，並且是除了多爾袞之外，唯一獲封「叔王」稱號的人。

濟爾哈朗生性寬厚，處事謹慎，而且能夠體恤下屬。鎮守永平之時，濟爾哈朗曾以書諭鎮守灤州諸臣，凡在軍隊當差未回之人，要對他的父母兄弟和親戚善言撫慰，察明後每人各給二十兩銀撫慰；如果奉差勞苦並且能回來的人，則一定要把他們的姓名記錄於冊。

❖遠交近攻，出兵朝鮮

努爾哈赤在世之時，後金和朝鮮之間並沒有發生重大的戰爭。皇太極繼位後不到三個月，為解決後顧之憂，下決心發兵攻打朝鮮。皇太極認為後金面臨著十分嚴峻的外部形勢——西面是蒙古，東面是朝鮮，南面是明朝。蒙古和朝鮮是後金的後方，如果在徹底解決後顧之憂之前就對明朝發兵，皇太極認為隱患很大。因此，他聽從大家的意見，採取遠交近攻策略，即穩住大明，先後對朝鮮和蒙古發動戰爭。

後金天聰元年（一六二七）正月，皇太極命二貝勒阿敏為主帥，與濟爾哈朗、岳託、杜度等人率領三萬大軍進攻朝鮮。皇太極對濟爾哈朗說：「朝鮮屢世獲罪我國，理宜聲討，照此非專伐朝鮮也。明毛文龍近彼海島，倚恃披猖，納我叛民，故整旅徂征，爾等兩圖之。」[3]並且將「便宜行事」的決定權交給前線將帥。

濟爾哈朗認為皇太極的方略很正確，即刻率大軍渡過鴨綠江，占領了義州。同時，皇太極將多數蒙古兵及家屬一齊調遣至朝鮮義州城駐防。隨後，濟爾哈朗又率軍進攻駐守在鐵山的毛文龍大軍。毛文龍不敵，鐵山守將毛有俊等被殺，毛文龍被迫退守皮島。後金軍乘勝追擊，濟爾哈朗與胞兄阿敏一起，一舉攻占了安州，然後一鼓作氣殺到平壤城下，很快就攻占了平壤。

朝鮮國王李倧得知消息後大驚，馬上修書向後金議和。阿敏不願議和，仍然吹角進兵，趨近朝鮮王京。於是，貝勒岳託邀濟爾哈朗商議此事，岳託認為如能議和，對後金是好事。濟爾哈朗贊同岳託的看法，而且細緻偵察了當地地形之後，斷定此地不可深入，應該到距離此處三十里處的平山城駐營，等待議和。朝鮮使者到此處議和，雙方定議。但是貝勒阿敏仍要進兵。後來，阿敏提出了三個條件——割地、交出毛文龍和借兵一萬，朝鮮悉數同意。天聰元年（一六二七）三月初三日，朝鮮

3　墨爾根覺羅・永寧，清朝十二王[M]，北京：華夏出版社二〇一三年版，第八五頁。

國王李倧率眾臣與阿敏、濟爾哈朗等在江華島盟誓，達成協議。隨後濟爾哈朗與胞兄阿敏帶領後金軍撤離朝鮮，四月，返回盛京。皇太極得知朝鮮已敗，大喜，為表彰濟爾哈朗協助阿敏有功，大行賞賜。

但是，阿敏因為行事冒進，在諸王決定與朝鮮盟約並簽訂協定之後，仍不顧阻攔一意孤行，以未參與盟約的訂立為由，下令八旗將士在朝鮮分路掠奪三日，才於平壤城內駐營。後金天聰四年（一六三〇），他又棄失永平四城，因此受到朝廷重責，被削爵囚禁，最後死於獄中。後來，阿敏的財產和牛錄都分配給了濟爾哈朗，濟爾哈朗從此成為鑲藍旗旗主，八大和碩貝勒之一。

至此，濟爾哈朗的父兄分別被努爾哈赤和皇太極所殺，但是濟爾哈朗卻沒有流露出絲毫怨恨。後金天聰四年（一六三〇）九月二十二，濟爾哈朗率領家族成員一起發誓：「我父兄所行有過，自罹罪戾。若我等以有罪之父兄為是，而或生異心，天必譴之，奪其紀算，使之夭折。若有人譖毀我等，願上與諸貝勒，審察而詳處之。」[4]

4 《清太宗文皇帝實錄》卷七，天聰四年九月丁亥條，第一〇五頁。

❖ 虛假的「兄弟之盟」

這次征討朝鮮的戰爭歷時兩個多月，給朝鮮帶來的災難是巨大的。儘管朝鮮迫於後金的武力暫時屈服，但是虛假的「兄弟之盟」並沒有使朝鮮與明朝的友好關係斷裂，而是繼續維持。在軍事上、經濟上，朝鮮仍然為明朝大開方便之門。例如在軍事上，朝鮮國主許明朝在皮島繼續駐兵，明軍也可以登岸，耕種於鐵山一帶；在經濟上，朝鮮國同意調五十艘船給明軍使用，而且每年春秋兩季為明軍提供軍糧，米二萬六千包。可是，剛訂下了「兄弟之盟」的後金卻並沒有受到如此待遇，後金借船、借糧於朝鮮，朝鮮則一概不借。

由於後金與朝鮮的關係在不斷惡化，幾乎破裂。為了穩定後方，為今後攻明打下堅實的基礎，皇太極決定再次對朝鮮進行征伐。崇德元年（一六三六）十月初一，皇太極親率大軍征討朝鮮，命代善、多爾袞、多鐸、岳託、豪格、杜度等率領諸軍隨征。面對後金大軍，朝鮮兵可以用「兵敗如山倒」來形容。崇德二年（一六三七）正月三十日，朝鮮國王棄兵器，襲朝服，率文武群臣，將明朝所給敕印獻上，從南漢山城來朝見皇太極。皇太極在漢江東岸三田渡參加了受降儀式。雙方舉行大宴，正式結盟，朝鮮脫離與明朝的關係，正式成為後金的附屬國。皇太極用了兩個月的時間將朝鮮徹底征服，從此消除了後顧之憂。

❖「逆者以兵臨」——征服蒙古

皇太極的崛起，讓作為前霸主的蒙古也不甘示弱。後金天聰二年（一六二八）五月，蒙古因特塔布囊部從察哈爾逃到阿喇克綽忒部居住，他們仇恨後金，下令如果有人敢歸降後金，就將其處死。皇太極得知此事，非常生氣，馬上命貝勒濟爾哈朗、豪格統率大軍攻打因特塔布囊部。

這其實是其父努爾哈赤對蒙古政策的繼續。對待蒙古，努爾哈赤採取「順者以德服、逆者以兵臨」的「恩威並行」策略。一旦有哪個部落由「順者」轉為「逆者」，後金就會採取「逆者以兵臨」的策略。皇太極此時顯然也是沿用了這個策略，從結果上看也是成功的。因特塔布囊部與後金軍力戰不敵，大敗而歸。此戰直接導致因特塔布囊部百姓全部歸順後金，後金獲得人口、駝、馬、牛、羊數以萬計。

天聰五年（一六三一）八月，皇太極率軍圍困大凌河城，濟爾哈朗率軍隨同，並負責攻打西南城門。一番激戰後，後金的鐵騎勢如破竹，很快就攻占了附近的臺堡。

天聰六年（一六三二）五月，皇太極親征蒙古察哈爾部，命濟爾哈朗率左翼軍，岳託率右翼軍，討伐林丹汗。當時以林丹汗為首的蒙古察哈爾部勢力不小，幾乎可與後金勢均力敵，與後金一起為草原上最大的兩股勢力。因此無論怎樣，後金和察哈爾部都會有一場大戰。在皇太極時期，這場戰爭終於爆發。濟爾哈朗這次率兵攻打察哈爾部，迫使林丹汗倉皇逃跑。隨後，濟爾哈朗和岳託繼續率大軍進攻歸化城，蒙古察哈爾部千餘人投降，此戰濟爾哈朗戰功不小。後來林丹汗去世，察哈爾部成了一盤散沙，全部臣服於後金。

天聰七年（一六三三）三月，皇太極命濟爾哈朗築建岫岩城。六月，為商議對朝鮮、明朝、察哈爾的軍事策略，皇太極召集眾貝勒徵求意見，濟爾哈朗認為，對朝鮮不用征討，與之保持現狀，增加商業往來即可。而明朝是明確要攻打的敵國，但是明朝過於龐大，為攻打成功應當為長久計，可以先攻下幾個靠近北京的城池，屯田長久駐紮，然後時刻關注北京動向，一有機會就進攻。另外，後金還應該在山海關以東、錦州以西屯兵，經常襲擾明朝邊境，使明朝派兵守護，不得休息。這樣待時機成熟之時，分兵兩路，一路在山海關前安營，一路繞到關後，同時發起進攻。如此一來，明朝將面臨左右為難、難以兼顧的局面，後金的勝算將大增。可以看出，濟爾哈朗的建議還是很有見地的，皇太極應該是聽進去了，因為接下來後金正是這樣做的。天聰八年（一六三四），皇太極親征察哈爾。皇太極見濟爾哈朗一向行事慎重，在御駕親征時總是讓濟爾哈朗留守盛京，這次也做了同樣的安排。

後金對待蒙古「順者以德服、逆者以兵臨」的恩威並行策略，達到了戰略目的，最終使蒙古變成了後金的盟友，也因此獲得一個穩固的後方，為未來攻占明朝的大戰略，奠定了很好的基礎。

03 多爾袞大敗明軍

多爾袞是努爾哈赤的第十四子，自幼就深受努爾哈赤的喜愛，因攻打蒙古察哈爾部英勇無比而獲封「墨爾根戴青」的美號，意為「聰明的統帥」。

❖ 繞道蒙古，突破長城防線

後金天聰三年（一六二九）十月，多爾袞跟隨皇太極征討明軍。後金大軍繞道蒙古，避開走山海關之要道，分兩路從龍井關和大安口突入明朝邊塞。明邊防守軍在半夜中被驚醒，急忙起來抵禦。明守軍起初以為是散居薊州（今天津薊州）邊外的蒙古來犯，漢兒莊副將易愛、洪山口參將王遵臣聽到炮聲突響，即刻率兵出城來救，沒想到遭遇多爾袞和貝勒莽古爾泰等人帶領的後金鐵騎。兩軍相交，沒過多久，明軍悉數被殲，易愛、王遵臣二將雙雙陣亡。接下來，漢兒莊的守將不再抵抗，率城內軍民剃髮降金，後金大軍入城。鄰近的潘家口守軍在聽到漢兒莊陷落之後，隨即也獻城歸降。後金大軍就這樣以迅雷不及掩耳之勢攻下了漢兒莊，逼近通州，接近北京。

兵臨城下，崇禎和滿朝文武皆驚。想那薊州長城，也是兵家重地，怎麼會被金兵如此輕易就突破了呢？其實，認真考量一下就發現確實金兵有機可乘。明朝薊州長城沿線很長，有一千七百多里。作為進攻方，集中力量突破一處即可；而作為防守方，則必須處處設防，這就很難集中兵力，可以說是「無所不備而無所不寡」。萬曆元年，薊州鎮額定駐兵共十三萬人，到崇禎元年，共計有十一萬七千餘人。這不足十二萬人要防守薊州長城成百上千的關隘，墩臺一里一座，平均下來每座墩臺的守軍只有十餘人到三、五十人不等。再加上明軍極為腐敗，邊防軍隊缺額嚴重，吃空餉的現象比比皆是。薊遼總督喻安性曾向崇禎奏報過這個狀況，從資料中可以看出，當時某地一千五百人的兵額，而實際卻只有五百人，五百人中還有不少老弱病殘，兵不強馬不壯；再加上朝廷拖欠軍餉嚴重，武器裝備陳舊，邊牆、墩臺、城池、隘口年久失修，軍隊平日裡也缺乏操練，士氣低落。這一切的一切都為後金大軍的進犯提供了良機。

❖鏖戰廣渠門

時任薊遼督師袁崇煥一直非常關注山海關，也曾上書請朝廷加強山海關守衛並密切留意其周邊動向。他主要負責的寧錦防線距離皇太極入關的龍井關和大安口有兩百多公里，得知清軍毀關而入的消息時，已經幾天過去了。而且更沒想到的是，當他來到山海關巡視軍情的時候，就收到了來自北京的緊急軍報——皇太極的軍隊已進逼京師。

後金天聰三年（一六二九）十一月一日，北京城戒嚴。戒嚴當天，袁崇煥派山海關總兵趙率教率軍四千，營救北京。然而，以四千兵馬對抗後金留守在遵化的五六萬大軍，結果可想而知，趙率教率領的四千人被後金全大軍全殲於遵化城外。

十一月四日當天，袁崇煥點了九千名騎兵，率軍從關寧出發，日夜兼程，馳援京師。十一月初九，袁崇煥到了薊州順天府。十一月初十日，袁崇煥率軍進入薊州。

薊州距離北京東郊的通州約一百四十里，是橫在遵化與通州之間的屏障，袁崇煥準備帶軍在此處阻截金軍，發誓「力為奮截，必不令越薊西一步」。然而，皇太極的情報工作也很到位，及時得知袁崇煥在薊州備戰後，直接越過了薊州，繞道直搗北京。十一月十四日，袁軍偵察到後金軍大隊潛越薊州，繼續向西行軍。至此，袁崇煥在薊州攔截皇太極軍隊的計畫落空了。

袁崇煥在薊州攔截後金軍的計畫失敗後，並沒有直接往西追擊後金軍，而是往位於薊州西南的河西務行軍。十一月十六日，袁崇煥的軍隊到達河西務。河西務距離北京差不多一百二十里，在天津和北京之間。這時，總兵周文郁向袁崇煥提議：「大兵宜趨敵，不宜入都。且敵在通州，我屯張家灣，相距十五里，就食河西務，敵易則戰，敵堅則乘，此全策也。」[5]但袁崇煥擔心後金像先前繞道薊州直搗北京一樣，再次繞道不戰，威脅根本，於是沒有採納周文郁的建議。這時後金軍隊已經到達通州附近，於是袁崇煥選擇繞過通州，從間道直奔北京。十一月十七日，袁崇煥抵達北京，比後金軍早三天到達，駐防在離紫禁城不遠的北京廣渠門外。但是廣渠門不

5 （清）谷應泰：《明史紀事本末．補遺》卷六，中華書局一九九七年版，第二五一一頁。

是駐軍之處，這裡既沒有軍中備用的糧食，也沒有戰馬吃的草料，後勤補給很成問題。

袁崇煥就在簡陋的條件下率領騎兵們白天與後金軍作戰，夜晚就地宿營，艱苦卓絕，堅守不退，獲得了廣渠門大捷。細看大戰詳情，戰前，袁崇煥指揮明軍分三面列陣——袁崇煥陣於西，祖大壽陣於南，王承胤等陣西北，空出東北面等待後金軍。後金從東南角進發，明軍在祖大壽帶領下奮力死戰，後金軍於是向北奔，卻發現前面有王承胤等嚴陣以待。莽古爾泰與諸貝勒商定，全軍從右突圍，對西北向的明軍展開攻擊隊形，集中兵力進擊王承胤部。王承胤發現了後金軍隊的意圖，調其部南避。戰場的突然變化讓後金幾個貝勒只得改變既定計畫，率軍轉而向西，猛攻袁崇煥本陣。袁崇煥突然面對幾路後金軍的夾擊，後金軍中本來作為留守軍的莽古爾泰也作為主將也參加了戰鬥，可見當時戰況之激烈。由於後金軍優勢兵力集中使用於局部，袁崇煥軍雖苦戰未撤，但陣型已被後金軍突破，《清太祖實錄》中稱其為「明潰卒」。在這個時候，袁崇煥仍率軍力戰不退，但明軍已被打散，袁崇煥本人差點被殺。危急關頭，有一支明軍部隊從樹林裡出來，拖住了後金軍，打退了後金軍的這次猛烈攻擊，救了袁崇煥。後金軍稱這支明軍為「樹林伏兵」。如果不是這支「樹林伏兵」，多爾袞帶領的前鋒部隊很可能擊潰袁崇煥，多爾袞在這一戰中功勞不小。

這一戰，從午時開始，鏖戰了三個時辰，後金軍死傷數以千計，明軍亦傷亡數千。戰鬥結果為後金退卻，明軍大勝。然而，雖然大明贏了此役，卻留下了不少後遺症。廣渠門一戰袁崇煥所率遼兵因為正面抵擋後金大軍攻擊而傷亡較大，京營的官兵卻以逸待勞一起衝出反擊，很快取得了勝利。此後，這些京營官兵因為對後金首戰大捷，據此以為後金實力並不如耳聞的那麼強大，甚至不堪一擊。崇禎耳邊整日充斥著這些言語，於是一道道命令促使袁崇煥進軍。然而，袁崇煥深知遼兵長途作戰，兵疲馬怠，權衡之下還是認為堅守勝於出戰。

❖ 計除袁崇煥

崇禎本就一肚子氣，再加上中了皇太極的「反間計」，一怒之下將袁崇煥下了大獄。原來，金軍俘虜了明朝兩個太監，把他們關在金營裡。有天晚上，一個姓楊的太監半夜醒來，恰巧聽見兩個金兵的談話。這兩個金兵就是看守他們之人，他們輕聲說：「今日撤兵乃上計也。頃見上單騎向敵，有二人自敵中來，見上，語良久乃去。

意袁經略有密約，此事可立就矣。」姓楊的太監偷聽了這番對話，心裡知道這番話的利害，自覺立大功的機會到了，於是第二天，趁看守他的金兵不注意，偷偷地逃了出來。姓楊的太監趕快跑回皇宮，告訴了崇禎皇帝他所聽到的黑幕消息。崇禎帝聽了信以為真，大怒，最終下令將袁崇煥凌遲處死。

可以看出，多爾袞儘管沒有挽回這一仗後金的敗局，卻影響了大明的軍事環境。崇禎皇帝哪裡知道，他從太監那裡得到的這個情報完全是假的，是原先明朝投降後金的副將鮑承先密授毒計，令崇禎誤判，自毀長城。

這一仗雖然沒有攻入北京，但是除掉了明朝重臣袁崇煥，也算是為太祖努爾哈赤報了寧遠兵敗之仇。後金天聰四年（一六三〇）正月，後金大軍班師回盛京，途中明朝軍隊設伏襲擊，多爾袞毫不猶豫地衝鋒陷陣，英勇作戰，率領後金軍隊大破明軍。兩個月後，後金的八旗軍隊終於回到了盛京瀋陽。這一次多爾袞立了大功，聲望大振。

04

岳託勇猛克濟南

克勤郡王岳託是禮親王代善的長子，太祖努爾哈赤之孫，最初被授予台吉，繼而封為貝勒。岳託和他的兄弟們一樣，生長在軍營中，他和他祖父努爾哈赤一起戰鬥了很長時間，二十歲時，就開始帶領他的軍隊上戰場，而且久經沙場從未失敗。岳託不但驍勇善戰、功勞卓著，而且擅長謀略，很會排兵布陣，善於謀劃全域，因而名冠後金。岳託脾氣很大，容易急躁，但有著鐵漢柔情的一面，與其福晉伉儷情深，甚至不惜為此對抗皇太極的命令，也成為清初鐵帽子王裡最重情重義的一個，在民間留下了許多傳奇故事。

❖樹立形象，買得民心

後金天聰五年（一六三一）八月，岳託隨皇太極、濟爾哈朗等圍困大凌河城，而後攻下大凌河。就此機會，岳託於後金天聰六年（一六三二）正月上奏章給皇太極，建議善待和安撫歸順了的百姓。岳託認為，因為後金前幾年攻克遼東等城時，拒絕投降的漢人都被殺，之後攻下了灤州、永平，又開始屠城，所以漢人很恐懼，遭遇後金軍隊時就會殊死抵抗，歸順的人也就很少。如今，後金軍隊攻下了大凌河，正好借此機會讓天下的漢人都知道後金也是會善待歸降的軍民的，而不是一味用武力征服和屠殺。這樣，既能壯大自己的陣營，又能樹立仁義形象，買得民心。岳託的獻計受到皇太極的重視和讚賞，在接下來的對明策略中，岳託的建議得到了採納。採用這樣的懷柔政策之後，前來歸順的漢人果然有所增加，為後來清朝統治全國奠定了一定的基礎。

後來多爾袞也是聽取了岳託的建議，為了突顯自己師出有名，同時也為了爭取明朝遺臣和漢族貴族階層的支持，打出「代報君父之仇」、「滅流寇以安天下」的旗號，並且在清兵入關前曾經宣布「有搶漢人一物者，即行處斬」，鼓吹迎降者能繼續以前的官職和生活不受影響，而且首倡內應者，城破後還能獲得破格提升。進入北京後，多爾袞和福臨又大張旗鼓地為崇禎帝、周皇后發喪，去孔廟祭拜。同時，朝廷還免除了所用明末濫加的賦稅，發還被李自成農民軍搶奪走的財產。這一切都是為了讓所轄官民不至於抵抗太甚，至少在形式上能感受到，滿漢官員有可能平起平坐。

❖因禍削爵

西元一六三六年，皇太極稱帝，改國號大清，為加恩天下，晉封岳託為和碩成親王。然而八月，就有人指控岳託包庇莽古爾泰、碩託，離間濟爾哈朗、豪格，皇太極令眾貝勒、親王議岳託之罪。眾貝勒和親王認為這是謀逆大罪，應定為死罪，諸王議定應該罰岳託雕鞍馬二十匹，甲冑二十副，空馬二十匹，白銀一萬五千兩。但是皇太極念及岳託的赫赫戰功寬恕了岳託，只是把他降為多羅貝勒，並且罷免其兵部的職務，另外僅罰岳託白銀一千兩，其餘的皆予以寬免。皇太極遣大臣告訴岳託、豪格說，諸王都議擬處以死罪，但他不想殺他們，因為希望與兄弟子侄共用太平。岳託和豪格都表示，能免去死罪是皇帝的恩賜，今後當然結草銜環，努力回報。

崇德二年（一六三七）八月，皇太極宸妃誕育皇子，蒙古喀爾喀部馬哈撒嘛諦塞臣汗和土謝圖汗上表並派遣使臣獻上駝馬前來慶賀。皇太極在京城演武場設宴款待蒙古使臣，為展示大清諸王的武藝高強，特命豎起箭靶比射。各位貝勒、親王都在皇太極授意下努力展現自己，但是岳託身體不適，多次向皇太極推辭不射，卻沒被批准。勉強之下，岳託拿起弓箭，射了五箭都掉在了地上。蒙古使臣忍不住哈哈大笑，岳託氣極，居然將手中的弓擲向蒙古人。這下犯了大忌，因此，貝勒、國務大臣、刑部奉命聯合審判，認為岳託一向傲慢自大，現在他犯了這樣的罪行，很難原諒，遂議定岳託死罪，皇太極認為不可。後來眾議將岳託圈禁，財產沒收，皇太極仍不同意，再後來又議定奪岳託所屬人員，罰銀五千兩，不再任職於兵部，削貝勒爵，皇太極勉強同意，但只是下令將岳託從多羅貝勒降為固山貝子，暫在家思過不准出門。

❖ 奉命伐明

崇德三年（一六三八），皇太極恢復了岳託的貝勒地位。八月，皇太極命岳託為揚武大將軍統右翼兵，多爾袞為奉命大將軍，統左翼兵，一起分道伐明。八月二十七日，皇太極在演武場舉行了隆重的儀式，親自送揚武大將軍岳託和杜度等率右翼軍出征。出征儀式上，皇太極坐在中間，岳託領著將領先跪在臺階下，然後起身、下跪。岳託恭敬地接過皇太極賜下的御印「揚武將軍」，行三拜九叩之禮。儀式結束前，皇太極特別召喚岳託進行臨別贈言，並對下一步的征戰進行指示。然後，奉茶，目送岳託率遠征軍出征。

左右兩軍一路奔赴威子嶺，一路奔赴青山關。岳託率領大軍從牆子嶺發動攻擊，這時，明兵已經撤退到城堡裡，只在外面布置了三個營地作為防線。岳託一馬當先，率軍攻克了周邊三寨。但是城堡堅固不易攻打，岳託禮遇被俘明軍士兵，了解明軍虛實，並且透過推心置腹的談話得到了一條妙計。岳託果斷採用了俘兵的建議，即分兵兩路，一路假裝從正面強攻，以此牽制明軍，另一路從牆子嶺東西兩邊小道進行伏擊猛攻。他身先士卒，衝鋒陷陣，接連攻克明朝長城十一座烽火臺，最後，率軍一直殺到山東濟南。在這過程中，岳託帶領的軍隊與明朝打了多個回合，在數次戰鬥中，岳託勇猛向前，從未退縮過，他的表現很出色。攻破防線後，後金左右兩翼大軍深入關內，共攻下六十餘座城，進行了長達五個月的掠奪，他們掠奪了無數的人、貨物和牲畜。

攻克濟南後，岳託染上了天花，病死於軍中。同年，多爾袞率領掠奪了五個月滿載而歸的後金大軍回到盛京，在彙報戰績時發現沒有岳託的名字。皇太極很吃驚，詢問原因，才知道岳託早已在濟南去世。皇太極悲痛萬分，輟朝三日，以示哀悼，同時命令不要告知其父代善。等到岳託靈柩運回盛京，皇太極親至盛京城外的沙嶺遙奠；回宮後，再次輟朝三日以示哀悼。後來，皇太極下詔追封岳託為克勤郡王，賜駱駝五匹、馬兩匹、白銀萬兩。

05

松錦大戰多鐸生俘洪承疇

多鐸，是清太祖努爾哈赤的第十五個兒子，多爾袞的同母親弟弟，滿洲鑲白旗旗主。乾隆皇帝對多鐸評價非常高，稱他是「開國諸王戰功之最」。這句話分量很重，其實也很中肯，因為憑他的赫赫戰功，獲得這樣的評價並不為過。他打過的許多仗都聲名遠播，例如他在松錦大戰生俘洪承疇，逼降祖大壽，後來又以定國大將軍的身分跟隨多爾袞入關，擊敗了李自成軍，而後南下攻占揚州。再後來他俘獲了弘光帝、偽太子等，可以說為清朝的統一立下了汗馬功勞。他三十多歲得天花，年紀輕輕就病逝。後來乾隆下詔讓他配享太廟，可見對其之重視。

不過，他是一個少年時受過心理創傷的人。父親努爾哈赤去世後，他的母親大妃阿巴亥被逼生殉，與努爾哈赤同柩而殮，當時多鐸只有十幾歲，受到了強烈的刺激。後來，他與皇太極的關係非常不好，舉個小例子，有一年新年，大臣們給皇太極進賀禮，當所有人獻的都是奇珍異寶，他卻送了一匹跛馬，顯然是「荒唐王爺」。不過，為了家族的利益，他卻頻繁征戰疆場，跟隨皇太極征討多羅特部、伐明、征伐察哈爾。

❖駐軍屯田，打持久戰

崇德三年（一六三八）十一月，為與鄭親王濟爾哈朗的軍隊會合，多鐸準備率軍攻占大興堡，途中卻被祖大壽帶領的明軍突襲，打了敗仗。因為此事，多鐸被罰銀萬兩，降級為多羅貝勒。這次失利之後，多鐸在心裡暗暗發誓，一定要報此次失利之仇。而後不多久，機會就來了。

為了奪取中原，皇太極發動了松錦之戰，命濟爾哈朗和多爾袞兩人為帥。多鐸與濟爾哈朗於崇德五年（一六四〇）三月，開始奉命帶兵修整錦州附近的義州城，駐軍屯田，拉開了松錦之戰的序幕。多鐸率部襲擾明山海關外，使明朝邊民不得耕種，顆粒無收。五月，皇太極親臨前線，視察軍情。本來依附明朝的蒙古多羅特部蘇班岱歸降了大清，多鐸和濟爾哈朗奉命率兵迎接，經過錦州、杏山時，明軍收到情報來追，被多鐸擊敗。

崇德六年（一六四一）四月，皇太極遣濟爾哈朗、阿濟格和多鐸替代多爾袞，指揮圍攻錦州。多鐸命軍隊夜伏桑阿爾齋堡，待早上明軍出現，即刻借助有利地形傾巢而出，大敗明軍，並且追至塔山，斬首八十多人，繳獲戰馬二十匹。

其實，從天聰三年（一六二九）開始，後金軍就多次企圖入侵明朝內地，卻都因為有山海關阻隔而沒有真正攻下哪怕一座城。而想要攻下山海關，就必須攻占錦州和寧遠。錦州的總兵祖大壽誓死固守錦州城，後金軍無論如何也沒能攻下。濟爾哈朗和多鐸在錦州附近的義州城駐軍之後，破壞莊稼，攻克臺堡，截殺明軍，向錦州城包抄靠近。

濟爾哈朗做了持久戰的準備，圍困錦州，後來派兵攻下錦州外城，明軍因而退入內城。錦州總兵祖大壽並沒有投降，邊堅持抵抗邊向明廷求援，明廷派了正在清剿農民軍殘餘勢力的洪承疇增援，戰局得到扭轉。

❖「高橋設伏」，截殺明軍

崇德六年（一六四一）三月，多爾袞攻打錦州失敗。皇太極於是命濟爾哈朗取代多爾袞行統帥之權，多鐸協助出征。七月，皇太極親自率領大軍征戰錦州。皇太極對此地形極為熟悉，斷定杏山的明軍肯定會去救援寧遠，於是給了多鐸一個「錦囊妙計」，即「高橋設伏」，在半路設伏，截殺明軍。多鐸依計行事，令杏山的明軍幾乎全軍覆沒，再一次扭轉了松錦戰役的局勢。

崇德六年（一六四一）八月，明將洪承疇率十三萬大軍馳援錦州城，勢頭迅猛。皇太極於是命濟爾哈朗留守瀋陽，自己率十三萬大軍開赴錦州，與多爾袞共同對戰洪承疇。洪承疇自領兵以來，戰績斐然，曾經把李自成的軍隊打得死傷無數，李自成最後只帶十八人突圍。但是這一次在遼東之戰中，因為與朝廷意見不統一，洪承疇被迫倉促應戰，被皇太極切斷了糧道，困在了松山。

崇德七年（一六四二）一月，洪承疇聽說日日期盼的援軍趕到，馬上派六千人馬出城夜襲，然而被多鐸帶領的清軍鐵騎打敗。戰敗的明兵想要退入城內，但洪承疇考慮後有追兵，下令關閉城門，使得敗兵大部被殲，其餘的逃往杏山，又遭受清軍伏擊而全軍覆沒。洪承疇死守松山不再出戰，明朝的援軍也一直沒來。就這樣，在松山苦苦堅持半年之後，城中的草根樹皮都被吃光，洪承疇再也無力進行抵抗。後來，被圍困在松山的松山副將夏承德悄悄派人前去清軍大營請降，為了表示誠意，願拿兒子夏舒做人質。有了夏承德的內應，豪格派遣左右翼兵馬在夜裡爬梯進入城內，第二天一早，松山被清軍攻破，多鐸生擒了洪承疇及巡撫邱民仰等人，斬殺明軍官兵一千多人。

錦州守將祖大壽見松山城被攻破，援軍又久久不至，已無人能解錦州之圍，於是開城投降。松錦大戰至此結束，清軍大獲全勝。多鐸在這幾次大戰中戰功卓著，皇太極論功行賞，封多鐸為多羅豫郡王。

松錦之戰之後，明朝在山海關外就只剩下寧遠一座孤城，京城門戶失去保護，危機重重。

06

出兵陝西，阿濟格大敗李自成

愛新覺羅．阿濟格，清太祖努爾哈赤的第十二子，是多爾袞、多鐸的同胞哥哥。阿濟格十多歲便驍勇善戰，勇猛異常，被授為台吉，曾跟從三貝勒莽古爾泰征伐察哈爾部，追殺得蒙古霸主林丹汗望風而逃。

阿濟格在征討蒙古察哈爾、喀爾喀和朝鮮之時，都在軍營中效力。後來到寧遠、錦州、廣渠門之戰等攻擊明軍的戰爭，也一直都有參與，可以說年輕的時候就已經目睹了規模宏大的戰役，所謂見過大陣仗，就是如此。崇德元年（一六三六）皇太極稱帝，論功行賞時，晉封阿濟格為武英郡王，清順治年間封和碩英親王。阿濟格的地位僅次於四大貝勒，在王爺中排序第八，「八王」的稱謂由此而生。他死後的墓地被民間稱為「八王墳」，之後作為地名稱謂一直沿用至今。

❖攻克昌平，進軍陝北

崇德元年（一六三六）六月，阿濟格率領清軍以多種方式攻打獨石口，從居庸關攻克昌平，直接向北京施壓。明軍被阿濟格的勇猛殘酷嚇破了膽，皆不敢迎戰。順治元年（一六四四），阿濟格作為前鋒隨多爾袞入關。李自成列陣於山海關，與多爾袞對戰良久。

事實上，當李自成起義的時候，很多人都沒想到他們哪天真的會襲擊北京，因為農民軍的軍事實力沒辦法與朝廷的正規軍相比。但是他們得到了前所未有的機遇，由於北部邊患連連，崇禎皇帝將朝廷的精銳部隊盡數調往關外作戰，導致關內空虛，讓李自成鑽了一個很大的空子。但是，明朝山海關總兵吳三桂臨陣倒戈，使得清軍突然獲得了進入山海關，也為後來李自成的覆滅埋下了伏筆。原來，當李自成的大順軍攻占北京城以後，曾派人招降過吳三桂，吳三桂權衡之後，覺得明朝氣數已盡，已有想法投降大順政權。然而，李自成的農民軍進京之後，吳三桂的父親被拷打，最喜歡的小妾陳圓圓也被李自成部下劉宗敏霸占，吳三桂頓時氣得七竅生煙，然後「衝冠一怒為紅顏」，站到了清朝一邊。多爾袞審時度勢，抓住了這千載難逢的歷史機遇，改變進軍路線，即刻向山海關進發。

李自成得知吳三桂拒絕歸順之後，不顧別人反對，執意率領十萬大軍進攻山海關。四月二十二日，清軍和吳三桂大軍的聯軍在山海關附近的石河，與李自成的大順軍展開了決戰。吳三桂首先率軍出戰，與大順軍激戰半日之後，漸漸落入下風。多爾袞見狀馬上下令英親王阿濟格和豫親王多鐸率數萬鐵騎出戰。大順軍本以為勝券在握，沒想到突然而出的八旗鐵騎勇猛異常，所到之處，勢如破竹。李自成登高查看軍情，發現軍中有留辮子的滿洲兵，驚慌失措，策馬離開，導致軍中陣形大亂，踩踏死傷者不計其數，大敗而歸。大順軍山海關大敗之後，李自成不想待在北京，於是向西撤退。

山海關大戰之後，李自成發現與明軍對戰時的優勢完全不復存在，大順軍傷亡慘重，再也不敢吹噓大順軍的戰鬥實力，更不敢低估八旗軍的作戰能力。李自成帶兵倉皇逃到了陝西，準備以山陝為根據地再徐徐反擊。

而清軍則相反，因為此次大戰的勝利而信心倍增，野心也更大。緊接著，多爾袞計畫兵分兩路，阿濟格帶領一路進軍陝北，再攻西安，追剿大順政權；多鐸帶領另一路大軍南下攻打南京，顛覆弘光政權。兩路大軍同時出發，旨在西進和南下兼顧，進而統一全國。

❖繞道蒙古，懷慶戰敗

山海關戰役後，李自成無心留守北京，而是踏上陝西的歸程。多爾袞得知李自成逃跑，趕忙前去追趕，與李自成軍隊在慶都打了一仗，李自成自然又是慘敗，親信戰將谷英在此戰役中被砍死。李自成繼續跑，很快又被清軍在真定（今河北正定）追上，李自成又是大敗。面對這樣一支兇猛的清軍，李自成只好西逃，一跑到山西邊境，清軍又追上了。李自成在山西沒有逗留就直奔老巢陝西。

當初起義時，李自成打出的旗號「不納糧」迅速獲得了百姓的擁戴。後來占領了西安，他又迅速打出「不納糧」的旗號，同樣也得到了所轄百姓的極力擁戴，一時之間大順政權在百姓中的威望如日中天，聲勢高漲，崇禎皇帝的明朝因長久的弊政，使得民不聊生而受到了百姓的孤立。為了穩定陝西，山西必須警惕，而山西投降李自成的前明降將審時度勢，發現李自成如今已經像風中的蘆葦自顧不暇，於是等清軍到來的時候，紛紛倒戈，為清軍帶路。清軍就這樣輕輕鬆鬆拿下了山西。多爾袞命令阿濟格等清軍繼續深入，目標直指陝西。

李自成分析了當下形勢，於逃往陝西之時，命手下舊將高一功駐防榆林衛（今陝西榆林），又命他的親信內侄李過（又名李錦）率大批精銳駐守延安府。兩道防線設下後，李自成自認為可以抵禦阿濟格大軍，或至少可以抵禦一時。因為高一功駐守的榆林衛，地勢險要，易守難攻，是清軍南下的要道。如果清軍先攻榆林衛，那麼此處占盡了地利，足以挫清軍之兵鋒。如果清軍繞過榆林衛直接南下，那麼高一功可以率兵出戰，截斷或者襲擾清軍後路。如此一來，清軍必受牽制，不能全力攻打大順軍。而李過在延安府也駐有重兵，可以分兵把守，積極應戰，形成「常山之蛇」首尾相顧之勢，即城與城之間互相支援，一旦有一城遇襲，附近城池都可以馳兵救援。而李自成本人則率數萬人駐守西安，這數萬人為機動部隊，他在西安和周邊的榆林衛以及內圍的延安府或可互為支援，或可運籌帷幄、遙相指揮。按照李自成經常用的作戰方式推斷，他應該是準備在阿濟格大軍在延安府受挫力竭之後，再親自出兵痛擊阿濟格。

此時，大順政權可以說已經到了生死存亡的關頭，於是李自成決定向東開拓生存空間，甚至改變一直以來面對清軍被動的習慣，進行積極反擊，以一萬騎兵和兩萬步兵，進逼懷慶、衛輝，發動了懷慶戰役。因為帶著一股復仇的情緒，大順軍群情激昂，一舉收復了濟源、孟縣。清懷慶總兵金玉和原是遼東邊民，後任懷慶總兵，此次在濟源遇到李自成的軍隊後，親自率兵於柏香鎮應戰。金玉和與大順軍力戰，於亂軍中中箭而亡，所率部隊全軍覆沒。大順軍繼而圍攻懷慶府，同時，清衛輝總兵祖可法一邊連夜率軍支援懷慶府，一邊請河南巡撫羅繡錦向清廷緊急求援。

清廷得知此消息大驚，因為自山海關戰役之後，清廷就認為李自成的農民軍已潰不成軍，沒想到還有如此強大的力量。於是，清廷再次考量多爾袞的用兵策略——兵分兩路，一路西征、一路南下，是否合理。雖然清軍極善騎射戰鬥力強，但此策略為勞師襲遠，而且兩路大軍都是孤軍深入，而後兩路大軍所在方向上又互相背離，距離上漸行漸遠。如此安排，一路遇險，另一路卻很難救應。可以看出，這已經算得上是戰略失誤。再加上阿濟格並沒有直接開赴陝西，而是一路繞過城市北部，穿過蒙古土默特、鄂爾多斯和其他地方，沿途索要駱駝和其他東西，然後才南下進入陝西，這大大推遲了追擊李自成大軍的進程。朝廷斥責阿濟格行軍遲緩，其罪不小，催促他們快速進軍。阿濟格軍隊直到十二月中旬，才進入陝西境內，先到了米脂，把李自成故鄉的百姓屠戮一空，並且毀了李自成的祖墳。

❖改變計畫，合力圍剿

懷慶戰役讓多爾袞發現了自己的戰略失誤，而且也明白自己嚴重低估了大順軍的實力，因此使出亡羊補牢之計，迅速改變既定計畫：命多鐸停止南下，帶領大軍揮師西進，馳援懷慶、衛輝，待殲滅懷慶的大順軍之後，再按原計畫南下攻打南京；如果大順軍再逃跑，那多鐸就帶兵從河南經潼關到陝西，與南下的阿濟格兩路大軍會合，共同圍剿大順政權。至此，清軍原計畫兩路出擊大順政權和弘光政權的大軍不再兵鋒兩指，而是集中力量針對大順軍，對大順軍進行全力圍剿。

多鐸大軍星夜兼程，很快就到達懷慶府。懷慶府守軍自知不敵，主動撤退。多鐸帶領大軍一路追擊，於順治元年（一六四四）十二月十五日追擊至陝州（今河南陝州），隨後又擊敗大順軍，攻下了靈寶。十二月二十二日多鐸到達潼關，在潼關以東十里處駐營。此時，阿濟格已率軍進抵陝西，多鐸又在潼關駐營，大順軍危機四伏，一不小心就會被清軍兩面夾擊，進退兩難。

此時李自成犯了一個致命的錯誤。本來懷慶戰役勝利之初，多鐸軍奉命南下尚未西進，大順軍得以在東面贏得大片的戰略緩衝地帶。再加上大順軍據有潼關天險，可以作為天然防禦屏障，易守難攻，這些暫時的優勢，以及來自北邊不確切的情報，使得李自成於臘月率大順軍最後精銳北上，把主要布防力量集中在了北面，嚴陣以待準備迎戰阿濟格。得知陝州在臘月十五日失守的消息時，李自成大軍正行至洛川。然而，此時李自成尚不能確定多鐸大軍究竟意圖為何，是收復懷慶後繼續南下攻打弘光政權，還是進攻潼關進而攻取西安。猶豫之下，大順軍絕大部分精銳都在陝西北部地區兩大防線集結，一時間此處重兵雲集。因此，潼關的兵力就顯得相對薄弱。而懷慶戰役先勝後敗之後，大順軍不再擁有東部的戰略緩衝帶，使得原本就兵力薄弱的潼關危機重重。

李自成在洛川地區盤桓了半個月之後，收集各路情報，終於確定多鐸大軍正是要向西進攻潼關。於是，十二月二十九日，李自成命令本欲增援北方的軍隊改變方向，南下增援潼關。

李自成之前在北邊布下的兩道防線，各有其用，又能互為犄角，成「常山之蛇」首尾相顧之勢，擊其首則尾至，擊其尾則首至，擊其中則首尾俱至，起到整體配合的作用。然而，這看似萬全之策的陝北防線，其實存在很多不穩定因素，例如榆林衛四周的守將，都是明朝降將。他們與高一功的大順軍貌合神離，如同牆頭草一般，隨時觀望。如此一來，高一功等於是孤懸於外。再加上一路從北京逃至此處，士氣低落是必然的，戰鬥力也可想而知。

阿濟格軍於臘月到達保德州後，親自率領大軍主力圍困榆林衛。但是阿濟格圍而不攻，同時派手下明朝的降將唐通、王大業去招降原明朝舊部。王大業是本地人，有一定的號召力和影響力，因此從臘月二十一日到達響水開始，到臘月二十八日，清軍很容易就招降了十個營堡，只有李自成舊部高一功不肯投降，頑強抵抗。想迅速拿下榆林衛卻並非易事，因此處地勢險峻，即使阿濟格全力攻打，也難以一時就拿下。所以阿濟格命招降的各鎮官兵圍攻榆林，又於十二月三十日提拔在此處素有威望的明朝降將、大同鎮臣姜瓌為總督，統攝諸軍兵馬，以牽制榆林衛高一功守軍。阿濟格本人則沒有在榆林久留，而是親自率領八旗部隊，以及明朝降將吳三桂、尚可喜等部精銳部隊，兩方會為一路大軍，於順治二年（一六四五）正月，經綏德來到了延安府。

順治二年（一六四五）正月十二日，唐通從綏德去往榆林附近的雙山堡，派人給高一功送了一封約戰的信，將一切利害與高一功說明，要戰就約定日期交戰，如不戰就領兵困城。高一功孤立無援，不敢戀戰，於十四日下午，被迫撤出榆林城。當天晚上，唐通即率部進抵榆林城下，天亮時分進入榆林邊城。十六日，姜瓖、康鎮邦、王大業等也率軍進駐榆林；高一功則撤到延安，與李過會和，堅守延安。

多鐸大軍則早在臘月二十二日已到達潼關，在此徘徊多日，然只駐軍而不攻，因缺乏攻城武器而等候孔有德部。李自成大軍在陝北猶豫了半個月左右後，改變路線，把集結在陝北，本用於攻打北部阿濟格軍的大順重兵調來增援潼關。臘月二十九日，李自成大軍到達潼關附近，當即就派劉宗敏出潼關據山列陣，與多鐸對戰。多鐸在此處已等待多時，對地形和戰術已胸有成竹，遂派遣努山和鄂碩統領前鋒部隊從側後包抄，同時派遣護軍統領圖賴率領百餘騎精銳騎兵從正面進攻大順軍。大順軍背靠天險，又有猛將劉宗敏出戰，士氣高漲。然而，大順軍長途行軍，剛到達潼關就馬上出戰，稍顯疲憊，再加上清軍派出的精銳騎兵驍勇無比，劉宗敏雖率軍頑強奮戰，但最後仍以失利告終，退回潼關駐守。

馬上就是年三十，潼關內的李自成無心過年，密切關注清軍的動向。然而，一直到順治二年（一六四五）正月初三，清軍都沒有再進攻。正月初四，李自成派大將劉芳亮帶精銳千餘人夜襲清軍營壘，沒想到清軍竟然有所準備，偷襲失敗。李自成得知偷襲不成，遂親率大軍進攻，清軍隨即調來鑲黃、正藍、正白三旗兵力共同對戰。清軍騎兵作戰勇猛，外出作戰的大順軍騎兵不能與之抗衡，損失慘重，步兵更不在話下，被清軍全數殲滅。但此時李自成仍選擇堅守潼關，以證明陝北局勢尚好，李自成在北邊布下的防線還在有力地對抗著阿濟格軍。李自成相信李過率領的大順軍能堅守延安府，因此沒有帶兵北援，而是堅守潼關，因為守住了潼關，也就守住了陝西。正月初五初六兩日，李自成再次派人趁夜色偷襲清軍，沒想到又敗了。幾日的激戰，無論是正面對壘還是夜間偷襲，甚至李自成親自帶領大順優勢兵力對戰，都沒能打敗清軍，無奈之下，只能退入潼關，深溝高壘，鑿重壕立堅壁，堅守不戰，等待清軍主動攻城。

接下來的兩日清軍並沒有攻城，因為紅衣大炮還沒有運到。正月初九，紅衣大炮終於到來，清軍自製的紅衣大炮使用起來有很多限制，因此初九至初十，清軍都在為紅衣大炮的使用做準備。一切就緒之後，正月十一日，清始正式攻城。大順軍在潼關城外的清軍必經之路上列陣，迎接清軍的進攻。沒想到遭遇清軍紅衣大炮的迎頭痛擊，大順軍眾頓時傷亡慘重，驚恐萬分。清軍在炮轟之後，首先由穆成格、俄羅塞臣帶領衝入大順軍陣，斬殺無數。李自成遂派三百名騎兵進行阻截，卻為清軍貝勒尼堪、耿仲明及貝子尚善部所敗。正面迎敵慘敗，李自成於是分兵偷襲清軍後方，又被清軍盟友蒙古固山額真恩格圖率領的殿後軍擊敗。這一日的大戰中，大順軍的步兵完全不是八旗兵的對手，騎兵也不能和騎射民族相比，此時大順軍進攻無力，只能結陣自保。然而冷兵器時代的軍陣再精妙也無法對抗清軍的紅衣大炮，大順軍因結陣而必然密集於一處，恰恰全部成為紅衣大炮的炮灰，沒有任何反擊的能力，損失慘重。正月十一日的大戰，大順軍正面作戰大敗，偷襲又沒有成功，傷亡慘重，士氣也嚴重受挫，至此不再有和清軍對抗的軍事實力。

李自成眼見紅衣大炮攻城的真正威力，退回潼關後驚魂未定，只留下馬世耀部帶著七千餘疲憊不堪的士卒繼續留守潼關，自己當晚就帶著一部分殘軍逃往西安。李自成看來是被紅衣大炮嚇破了膽，都沒有想到利用潼關天險城防之利，與清軍周旋些時日，也好為後方的李過、高一功的撤退爭取時間。而面對清軍紅衣大炮的威脅，潼關城完全無力抵抗，不可能守得住。正月十二日，阿濟格、尼堪等領兵攻打潼關，巫山伯馬世耀徹底喪失了堅守潼關的力量，率所部七千餘人迎降。潼關之戰歷時近半個月，至順治二年（一六四五）正月十二日終於結束。正月十三日，多鐸軍正式進入潼關。馬世耀則悄悄寫了封信，密獻一計，即邀李自成回師夾擊清軍，自己可為內應。然而，他的信使不幸被清軍查獲，多鐸見信大怒，斬殺馬世耀於軍前。李自成於正月十三日倉皇敗逃至西安後，深知馬世耀在潼關不可能堅持太久，天險潼關失守，無險可守的西安也不可守，於是在到達西安的當日就繼續撤離，並且命部下田見秀大開府庫，讓軍士帶走錢物，至於糧倉，就盡數燒掉，不能留給清軍。田見秀等李自成走後，只燒了少部分糧食，剩下的留下，想要給秦中受災的百姓活命用。正月十六日，清軍自潼關向西安進軍，十八日到達西安。

❖會師西安，大獲全勝

再看阿濟格一路，在潼關之戰剛剛開始之時，阿濟格於十二月三十日離開榆林，攻下綏德後馬上開赴延安府，準備一鼓作氣拿下延安府。拿下府城，延安府全境其他城池必然不戰而降。但是延安府的情況和榆林完全不同。延安府由李過守衛，李過是李自成的親侄，很小就跟隨李自成起兵，久經沙場，作戰經驗非常豐富，而且備受李自成信任。李過手握重兵，在延安府地區採取「常山之蛇」首尾呼應之法，分城駐守，一城有險其他城池即刻支援。再加上延安府地處丘陵地帶，本就地勢險峻，不利於清軍騎射戰術的施展。如此一來，延安府主帥李過戒備森嚴，駐守有方，地形有利，對延安府地區的控制能力很強，清軍不可能輕易攻下。而阿濟格起初並沒有意識到這一點，直奔延安府城後，才發現每次進攻，周圍膚施等城池都會來救援，襲擾攻城的清軍。就這樣圍攻多日，清軍仍沒有攻破延安府。後來，阿濟格見如此攻城不得法，於是採納了尚可喜的計策，不再只派一路大軍猛攻延安府，而是分兵多路，同時攻打各城，令每個城池自顧不暇，更無力互相救援。此計一施，李過兵敗遁走。阿濟格在圍攻延安府一個多月之後，終於將其攻下，而此時李自成早已逃離西安了。

李自成逃離西安之前，延安府和西安府還都在大順軍控制之下，消息往來暢通，李自成能夠充分了解陝北戰局，而當他逃離西安時，也必然告知於李過。李過在知道西安失守的情況下繼續在延安府與阿濟格對壘，乃是因為延安府周邊兵力駐紮分散，難以一時間集結完畢，要想戰略撤退而不是倉皇逃遁，就必須假以時日收攏散兵。後來延安府城被清軍攻下，清軍派牛錄額真哈爾漢俄班駐軍南山，卻與李過手下兵勇巷戰而死，後瑚沙率數騎親信驍勇之士突破防線，進入南山得其屍以還。南山巷戰，證明李過手中尚有充足兵力，仍然有實力與清軍周旋。但此時南有多鐸，北有阿濟格，李過即使手握重兵，也已陷入被動局面。於是在延安府城失守之後，李過開始主動向南收攏餘部，向西撤退。清軍攻下延安府，南下道路遂通，阿濟格於是率軍開往西安，與多鐸會師。

李自成帶領殘軍開入河南，結果被阿濟格追上，清軍勢如破竹，八戰八捷，李自成繼續南下。等到了湖北，李自成在自己的老根據地上仍然沒敢與清軍正面交鋒，能跑就跑。阿濟格水陸並進緊緊跟隨。走到陽新，李自成就又被阿濟格追上，大戰之後繼續跑，沒想到在江西，又被阿濟格帶領的清軍鐵騎追上。這一次，李自成的老營都被衝散，「自成僅以步卒二十人遁，斬其兩叔父及劉宗敏於軍，偽軍師宋獻策、總兵左光先等皆就俘。是役十三戰，皆大捷」。

潰不成軍的李自成改變了路線，想要往南明進發。然而，當他到達湖北九宮山，下馬查看地形時，被當地人視為強盜，一鐵鍬給鏟死了。中國農民革命史上一位重要人物——闖王李自成自此失敗。

得知李自成逃入九宮山後，清軍進山搜尋，到處貼告示進行通緝，但是一直沒有結果。李自成部卒供認，李自成逃走時，跟隨他的步卒僅二十人左右，逃入九宮山後被當地村民所困，不能逃脫，後來自縊而死。阿濟格派熟識李自成的人前去辨認屍體，可是屍身已經朽爛，難以分辨。因此，阿濟格得出的結論是「或存或死亡，俟就彼再行察訪」，也就是說無法確定李自成的生死。

阿濟格大獲全勝，俘獲李自成的兩個叔叔、劉宗敏、總兵官左光先、軍師宋獻策以及他們的妻妾兒子等，還有太原府晉王的兩個妃子。財物方面，繳獲金印一顆，馬騾六千多匹，船三千餘艘。此外，還獲左良玉的兒子左夢庚率領下屬來降時所帶人、物共有總兵官十二名、馬步兵約二十萬人和大小船隻四萬艘。後來阿濟格將李自成的兩個叔叔和劉宗敏斬於軍前。

阿濟格向清廷發回捷報，稱其此次征討大獲全勝，共計占領六十三城，其中占領河南十二城、湖廣三十九城、江西六城、南京六城。順治皇帝大大稱讚阿濟格，稱他勞苦功高，詔他班師。不過，在接到聖旨前，阿濟格已經自行決定，返回北京。

07

多鐸攻克南京，碩塞俘虜朱由崧

順治元年（一六四四）十月初一日，多鐸晉升親王，受封定國大將軍，碩塞被封為承澤郡王。從此，碩塞跟隨豫親王多鐸，統領將士南征。

當時明朝福王朱由崧在江寧自立為帝，割據江北四鎮，史稱弘光政權。面對如此情況，清廷的戰略布局是這樣的：阿濟格、吳三桂和尚可喜統率的一路清軍，從北京出發，目標是先攻陝北，爾後南下西安；而多鐸則帶孔有德、耿仲明等明朝降將，統率另一路大軍向南京進軍，平定東南。兩路大軍同時出師，目的就是要一舉摧毀西安的大順政權和南京弘光政權。

當阿濟格和多鐸統兩路大軍相繼離開北京時，大順軍二萬餘人開始行動，東渡黃河，迅猛無比，連下濟源、孟縣等地，並圍攻河南懷慶府城沁陽。多爾袞得知大順軍如此勢如破竹，馬上下令多鐸改變預定計畫，南下暫緩，先救懷慶，然後攻取潼關，最後與阿濟格會師西安。多鐸率部聽令，迅速推進到潼關附近，牽制了大順軍大部分兵力，使大順軍戰略上陷於被動。順治二年（一六四五）正月十二日，多鐸統兵占領潼關。十八日，進入西安。

❖多鐸率部南下，平定江南

順治二年（一六四五）二月，多爾袞命阿濟格綏理關中，並負責繼續追剿李自成；二月初八日，命多鐸率其部南下，完成平定江南的大任。接到命令後，多鐸即刻率大軍回師東征，向河南進發。三月初九日，多鐸大軍出虎牢關，並分兵由龍門、南陽三路合圍歸德。三月二十二日，攻下了歸德，二十九日又攻下了潁州（今阜陽）。緊接著，多鐸又率大軍橫掃河南大部分地區，收降了河南諸多州縣。清廷頻頻收到多鐸大軍來自河南戰場的捷報，得知中原已定，下詔嘉獎：「方收關、陝，旋定中原，剿寇安民，勳庸茂著」[6]。為嘉獎多鐸大功，清廷特賜嵌珠佩刀，鍍金鞓帶。

而南明弘光政權內部正忙於黨爭。順治元年（一六四四）三月，明朝末代皇帝朱由檢在北京煤山自縊身亡，但在南京，史可法與馬士英等擁戴另一個皇室成員朱由崧即位，史稱弘光政權。南京保留著與北京相似的行政機構，權力主要掌握在明朝士大夫手裡，影響遍及整個東南地區。可以說，此時的南明手中還擁有半壁江山。江南地區百年富饒，資源豐富，人地充足，如果能好好經營，很有可能長久堅持下去，與清王朝劃江而治，如同南北朝一般，甚至有可能反敗為勝，揮師北伐收復大明江山。然而，弘光政權只存在了短短一年，就匆匆消失了。究其原因，可以看出內外因兼有。

在弘光政權內部，弘光帝沉迷酒色，不思進取，文臣之間相互傾軋。馬士英擁立弘光帝之後，忙於玩弄權術、排斥異己，以至於將史可法排擠出南京。弘光帝對馬士英等閹黨言聽計從，毫無上進心，即使被清軍俘虜後，還笑嘻嘻地問馬士英何在，南明朝政糜爛至此！在外領兵的將領之間也毫無凝聚力，甚至為爭奪土地互相攻伐。

6 吳玉清、吳永興著《清朝八大親王》，學苑出版社一九九三年版，第二九二頁。

在順治二年（一六四五），清軍和農民軍殘餘部隊逼近武昌時，南明守將左良玉還在以「救太子清君側」為名反叛弘光政權。弘光政權不光對內荒唐，對外也沒有明確的戰略與戰術，一直處於被動地位。面對當時的複雜局勢，北邊有清軍和李自成的農民軍，西邊有張獻忠的農民軍，弘光政權僅僅執念於為崇禎帝被李自成的農民軍殺害一事報仇，甚至曾試圖聯合清軍消滅農民軍，後來此事遭到清軍拒絕。由此可以看出弘光政權的治國理政的無能簡直到了讓人瞠目結舌的地步。弘光政權一直沒有意識到他們的大敵不是農民軍而是清軍。在清軍即將兵臨城下之時，弘光政權還在內鬥，簡直是把北京的黨爭搬到了南京。

主戰的史可法得知清軍已得河南，於四月初三日誓師完畢，準備整軍馳扼徐州、泗州，沒想到出發之前突接弘光帝手諭，令其立即率諸軍渡江入援，以抗擊前來「清君側」的左良玉。史可法大驚，上疏與帝一一言守江淮之利害：「從古守江者必先守淮，守淮者必先守河，此一定之形勢也。今北兵自西來，直抵歸德，我之河險已失矣……萬一長淮不守，直抵江上，沿江一帶，無一堅城，其誰為禦之？」[7] 主張不

7　史可法：《請早定廟算疏》，載《史忠正公集附錄》卷一，中華書局一九八五年版，第二一到二二頁。

可撤兵，應全力禦清。但是朝中宦官馬士英卻因為害怕左良玉，氣急敗壞地與東林黨人理論，並且搬出了弘光帝，說如果北邊清軍打過來還可以議和，可是一旦左良玉兵至，這些東林黨人可能還能當高官，而弘光帝卻是必死無疑，馬士英甚至發誓「寧死北，無死逆」。如此一來，弘光帝朱由崧被慫恿著給史可法下詔切責，令其速速率軍入援。史可法於是領兵過江，結果到草鞋峽的時候就得知左良玉已經被黃得功等部擊敗了。史可法請求入朝面見弘光帝，說明對社稷的主要威脅來自北方的清軍。馬士英卻擔心史可法入朝以後自己的首輔名位不保，直接讓朱由崧下旨：「北兵南向，卿速回料理，不必入朝。」史可法接到詔書後大失所望，「南面八拜，慟哭而返」。

而清軍南下的腳步一直沒有停，史可法接到詔書的同一天，清軍已進逼亳州（今安徽亳州）、徐州（今江蘇徐州），如入無人之境。緊接著，盱眙陷落，江北無險可守，形勢危急。史可法只好晝夜兼程，據守揚州。五月十三日，位於盱眙縣西北的泗州守將見無險可守，無兵來援，於是獻城降清。五月十四日，清軍渡淮河。而史可法雖有督師的名義，但是南明已經政令不通，江北四鎮無論調動誰都不聽命。

於是江北之兵渡江南下，導致江北防線空虛，清兵趁機兵臨揚州城下。五月十九日，多鐸率軍包圍揚州。

❖ 揚州十日

到了揚州之後，多鐸了解到揚州城只有三萬多守軍，而清軍號稱有二十萬。為生擒史可法，多鐸下令諸軍緩攻揚州，派人勸降南明督師史可法。早在多鐸南下之前，南明朱由崧剛剛登基之時，多爾袞就曾致信史可法，大意是：中原人士皆信《春秋》之義，然而擁立南明政權乃是大逆不道的行為，根本不具備合法性。而當李自成入京之後，毀棄明朝宗廟，辱及先人，只有大清不辭勞苦，代為雪恥，沒想到你史可法竟然沒有感恩圖報，還擁立新帝，坐享漁人之利，不再為崇禎皇帝報仇，於情於理，能說得通嗎？聽聞史可法乃是南明意見領袖，著你奉勸朱由崧削號歸藩，那麼清廷自當封其為王，給予福祿，如同封吳三桂為平西王一樣。

史可法答書不同意多爾袞勸明帝削號歸藩，略曰：「法處今日，鞠躬致命，克盡臣節，所以報也。惟殿下實昭鑒之。」[8] 可以看出史可法忠義思想深重，面對多爾袞的勸降絲毫不為所動。此次多鐸兵臨揚州城下，同樣遣使致信史可法，稱其為「史老先生閣下」，語氣極為尊重。然而，史可法為表忠心，轉手將其書信呈給朝廷。後來多鐸又接連數次發出招降書，史可法連看都不看就投入火盆中。多鐸不死心，又令南明降將李遇春到揚州城下勸降，李遇春對史可法喊話：「公忠義聞華夏，而不見信於朝，死何益也！」史可法見到李遇春，氣憤至極，怒斥其背叛獻城，致使揚州成為孤城無險可守，並說：「吾為朝廷首輔，豈肯反面事人！」遂令部下發箭射之。多鐸見李遇春勸降不得，又令鄉民至護城河邊，持書招史可法投降。史可法知道揚州外援已絕，清軍大軍南下志在必得，揚州城無論如何也難以守住，於是抱定必死的決心，一天之內寫下了五封遺書，分別寫給母親、夫人、叔父兄弟以及嗣子史德威，還有一封致「某王」。在致「某王」，也就是給多鐸的書信中說：「敗軍之將不可言勇，負國之臣不可言忠。身死封疆，實有餘恨。得以散骨歸鐘山之側，求太祖

8 《清朝興亡史》，北京古籍出版社一九九九年版，第二一三頁。

高皇帝鑒此心，於願足矣。弘光元年四月十九日，大明罪臣史可法書。」表明了他絕不會叛明的決心。

數次勸降都沒有讓史可法有任何改變，多鐸知其志不可移。多鐸本就容易衝動，被史可法拒絕後非常生氣，即令清軍包圍揚州，輪番全力攻城。史可法指揮揚州城內明軍和城內民眾奮勇抵抗，一次又一次地把前來攻城的清軍打退。多鐸見清軍在揚州城損兵折將，心裡又急又恨，下令搬來紅衣大炮攻城。清軍偵察到史可法鎮守揚州城的西北角，於是用紅衣大炮向西北發動轟擊，轟塌了西北角的城牆。史可法見揚州城已破，自己和揚州軍民的抵抗都無濟於事，準備自盡，被手下的將士們阻攔，但很快，清軍衝進揚州城，殺死了史可法。進城的清兵見人就殺，就連揚州城內的老弱婦孺也不放過。揚州城內屍橫遍野，血流成河，大屠殺從四月二十五日開始延至五月五日，史稱「揚州十日」。

❖攻占南京，班師凱旋

揚州城破後，其後方的南京也危在旦夕。順治二年（一六四五）五月八日，多鐸命令清軍渡江，一舉成功攻取了鎮江。南京的朱由崧還在醉生夢死之中，清軍趁夜渡江的時候，他還在徹夜飲酒作樂。五月十日午後，朱由崧還傳梨園子弟唱戲，然而到了半夜，聽到外面喧鬧，他方知道情勢不妙，帶著後妃宦官四五十人，拋下百官逃走了。五月十五日，多鐸帶領清軍直抵南京的南城下。南京城已經沒有了足夠的力量守衛，再加上多鐸說清軍平定江南，是「奉天伐罪，救民水火」而且恩威並用，對城內百官及其部眾說，如果不投降，那麼下場將會和揚州一樣。於是南京城沒有反抗便全部投降。

多鐸抵南京城下之時，正是大雨滂沱，明弘光朝中重臣勳貴——趙之龍、徐允爵、王鐸、錢謙益等冒雨跪於道旁，手捧輿圖冊籍迎降。五月十五日，南京洪武門大開，多鐸以征服者、戰勝者的身分進入南京城，接受明之降臣和城內軍政官員的隆重歡迎。清軍當時上報朝廷說，此次歸降的馬步兵統共有二十四萬人左右。這也可以算是多鐸此次南下獲得的最大的成功。

之前多鐸在率清軍南下途中，頒布了其同胞兄長攝政王多爾袞下發的剃髮令——「留頭不留髮，留髮不留頭」，強令當地百姓在十天之內，改成清朝滿人的髮辮，即前額剃髮，後編髮辮，拒絕剃髮的一律處死。剃髮令一下，讓江南百姓群起抗議。

對漢人來說，髮式有著十分重要的象徵意義。人人都聽說過「身體髮膚，受之父母，不敢毀傷」，此乃孝之始也。因此數千年來，漢族即使是男子也要留髮挽髻，大婚稱為「結髮」，從不會輕易落髮。而滿人由於生存環境或者是宗教信仰的殊異，習慣和漢人截然不同，剃去頭頂四周的頭髮，只留顱後髮，編成髮辮垂於肩背。髮式或者風俗習性的不同，本不會造成強烈的民族對抗，頂多會讓民族融合多一些阻力，但是在清初，這兩種髮式因為兩種文化無法彌合的矛盾而凸顯了出來。對漢人來說，他們「留髮」不僅僅是對頭髮的維護，更是對漢族傳統的捍衛。因此，多鐸宣布的這一條命令，阻礙了收服，使得他更加憤怒，也增加了更多殺戮。

多鐸在取得重大戰績，攻下南京之後，成為南京的主宰者。然而，此時他的頭腦卻相當冷靜，迅速由征服者轉為占領者，一改製造「揚州十日」時的面孔，宣布了一系列順應民情、爭取人心之舉，例如下令清軍不殺百姓、不搶財物、不令百姓剃頭，等等。甚至在五月二十二日，多鐸下令建史可法祠，撫恤其家人，賞給粟帛，賜以住宅，以表彰其忠義。如此一來，南京政局穩定，多鐸也獲得了「頗有古賢將風」的讚揚，以勝利英雄的豐功偉績載入了清朝開國史冊。

攻下南京之後，緊接著，多鐸又派貝勒博洛收復江浙，同時上奏請求授江寧、安慶巡撫等大小官員，為大清在江南建立完善的官僚體系奠定了基礎。順治二年（一六四五）十月，多鐸帶著赫赫戰功班師凱旋，順治皇帝親自在南苑迎接，並且為表彰多鐸功績，晉封他為德豫親王，並賞賜了豐厚財物。

❖碩塞俘虜朱由崧

多鐸此次征討江南大獲成功，少不了碩塞的幫助。愛新覺羅・碩塞，是清太宗皇太極的第五子。順治元年（一六四四）農曆五月，碩塞由當時的孝莊皇太后做主，與輕車都尉費揚古的愛女那拉氏成親。接著，碩塞就隨順治帝進入北京，獲封多羅承澤郡王。

很快，新婚不久的碩塞就跟隨多鐸率軍南下，進攻陝州，大敗李自成部將張有增、劉方亮，後來李自成親自迎戰，亦被擊破。然後清軍繼續追擊李自成，進入潼關，碩塞奮勇斬殺李自成的大將馬世耀。李自成帶著潰不成軍的殘部至湖廣。之後，碩塞又隨軍南征南明弘光政權。

順治二年（一六四五）四月，朝廷因為諸王貝勒等人為國征戰、戎馬，在軍前奔波了很久，所以特意對諸王貝勒加以恩賜，碩塞被賞賜了團龍紗衣一套。五月十六日，碩塞跟從多鐸率領清軍攻入南京，滅弘光政權，親自俘虜了朱由崧。自從碩塞出北京後，跟隨多鐸一起，連續擊敗農民軍和明朝軍隊一百五十多次，一一平定了江南、浙江等地，先後招撫了明朝官員二百四十四名，收降了馬步兵三十一萬七千七百名。順治二年（一六四五）十月，碩塞和多鐸一起勝利回京，受到順治帝大力褒獎，並賞賜黃金兩千兩，白銀二萬兩等財物。

南京是江南政治、經濟、文化、軍事中心，可謂江南第一重鎮。攻下南京後，清朝迅速設江南省，把南京作為行政中心，把應天府改為江寧府，並馬上派官員治理。清朝得此江南第一重鎮，為繼續統一全國奠定了基礎。

08

對戰張獻忠，豪格平定四川

豪格是皇太極的長子，可以說是生乎亂，長乎軍，從小就跟著父親皇太極征討蒙古鄂爾多斯等部。豪格敢打敢拼，年紀輕輕就頗有戰功，被祖父努爾哈赤封為貝勒。

天聰七年（一六三三），皇太極與諸貝勒、大臣商討興國大計，皇太極向大臣們詢問，明朝、朝鮮、察哈爾這三個地方，先打哪個最好。豪格認為，攻打錦州沒用，因為如果僅僅攻下了錦州，其他城池卻得不到，那這場戰爭就會曠日持久，勞師疲眾。而後金軍的優勢不是持久戰，因此應該從蒙古繞道進攻明朝，並且告訴當地的各個明朝村落，後金進攻明朝是因為他們的皇帝不肯議和，以此離間明朝皇帝和他的臣民之間的關係。再採用更番法，等到水草豐美、兵強馬壯的時候，增加使用大炮，一支人馬出寧遠，一支人馬出蒙古舊道，兩路人馬夾攻山海關。如果還不能攻下來，就在附近屯兵並招集當地的流賊，駐軍在通州，等到明軍懈怠的時候再攻打他們。如果那樣的話，朝鮮、察哈爾就可以緩緩圖之了。豪格的見解條理清晰，可執行力強，受到了皇太極的讚賞。後來，皇太極下令八旗軍攻打山海關。

豪格很早就隨皇太極征討蒙古諸部，後來，更是參加了八旗軍的幾乎每一場大戰，無不奮勇衝鋒在前，軍功赫赫。崇德元年（一六三六），皇太極稱帝，豪格被封為和碩肅親王。

崇德八年（一六四三）八月，清太宗皇太極在盛京後宮駕崩，因為生前沒有立下遺旨，一時間眾宗室、旗主和皇子們明爭暗鬥，開始為奪得皇位積極謀劃。歷代漢族王朝的帝位繼承，從西周開始，一般都按嫡長子繼承的原則進行。如果與漢族王朝一致，按「嫡長子繼承制」來確定繼承人，皇太極長子豪格當然是皇位的繼承者，但滿族統治者在皇位繼承制度上，卻與漢族王朝有著較大的區別。

按滿族的慣例，皇太極在世時所倚重的八大鐵帽子王都有繼承皇位的權利，父死子繼、兄終弟及都是合情合理的，皇位需要經過議事的方式來確定。此時，有四旗的力量擁護肅親王豪格繼承，分別是正黃旗、鑲黃旗、正藍旗、鑲藍旗；有兩旗的旗主主張擁立多爾袞。多爾袞比豪格小三歲，也是皇太極生前備受器重而且軍功顯赫的候選者。很快，宗室諸王就分化成了兩個陣營，一部分支持豪格，因為豪格身為皇長子，名正言順；另一部分支持多爾袞，因其功高且勢大，而且名在太祖遺訓。兩派水火不容，豪格和多爾袞都是手握重兵的旗主、親王，朝廷內所有的王爺和重臣，毫無例外都捲入了多爾袞與豪格為奪皇位進行的鬥爭漩渦裡。在兩人爭奪皇位的鬥爭漩渦中，一場兵戎相見、骨肉相殘的動亂似乎一觸即發。

此時德高望重的代善站了出來，提出一個折衷的方法，就是立皇太極的九子福臨為帝。首先對這個方案表示支持的是多爾袞，因為福臨當時只有六歲，一個娃娃皇帝顯然沒有親政能力，代善又提出了由多爾袞和濟爾哈朗擔任攝政王輔政，這樣多爾袞其實是實權在握，只是沒有皇帝的名義而已。濟爾哈朗也贊同這個提議。而原來支持豪格的重臣們，例如兩黃旗大臣索尼、鰲拜等人，他們曾在朝堂上立誓：「要是不立先帝的皇子，我們寧願以死追隨先帝於地下！」現在提出立福臨，也是皇太極的兒子，因此他們也同意，而且福臨繼位於他們的利益無損。經過十幾天的反覆磋商，他們最終沒有兵戎相見，而是艱難地做出了決議：由六歲的九皇子福臨繼帝位，即順治帝；鄭親王濟爾哈朗和睿親王多爾袞攝政。

福臨即位之後，多爾袞即命豪格帶兵攻打四川。此時豪格已因事被貶，但是在清初的諸多戰爭中，多爾袞和豪格都能夠暫時放下個人恩怨、不顧個人得失，多爾袞敢於在大戰中起用豪格，豪格也願意聽命於多爾袞，為大清馳騁疆場，實屬不易。

順治三年（一六四六），李自成的農民軍勢力基本被消滅，南京也被攻下，接下來，四川的張獻忠成為清廷的進攻目標。早在順治元年（一六四四）十一月，作為一支龐大農民軍領袖的張獻忠在成都稱帝，國號大西。當時清軍主力正在山東、陝西剿滅李自成的大順軍，後來又揮師東南，對抗南明的弘光政權，無暇關注張獻忠的大西政權。大西軍在四川得幾年安生，主要與當地故明殘軍和官紳武裝作戰。四川地區因為氣候宜人、土地肥沃，被稱為天府之國，因此有明一代，老百姓的日子還算可以，不是那麼水深火熱，對明廷還比較忠誠。張獻忠入川後，主要向當地士紳下手，搶奪財物，除此之外，大部分老百姓還是能過得下去的。

當李自成軍被徹底擊敗，江南也平定之後，清朝得以騰出手來，西征四川。順治三年（一六四六）正月，此時大權在握的多爾袞任命豪格為靖遠大將軍，與羅洛渾、尼堪等一起西征，經西安入四川剿滅張獻忠和明朝殘餘勢力。此次清廷對張獻忠和大西國政權下達了「必殺令」，並且鑄造了三百多顆官印，其中級別最高的是四川巡撫，由豪格帶去四川。

豪格大軍到達西安之後，派尚書星訥等人在邠州破敵，又派遣固山額真都類攻打慶陽。豪格帶領清軍自西安分兵大敗流賊，蔣登雷、石國璽、王可成、周克德等人全部投降，其餘的人敗潰逃走。豪格迅速攻占了被流賊占據的城池，陝西的農民軍至此被徹底肅清。

緊接著，順治三年（一六四六）十一月二十六日，豪格率領清軍抵達漢中南部。豪格派遣猛將鰲拜作為先鋒，率領八旗軍日夜兼程馳赴四川，自己率領大軍跟進。鰲拜是「滿洲巴魯圖」，以戰功封公爵、號稱「滿洲第一勇士」，這次入川，又帶去了血雨腥風。

張獻忠受明清兩大力量的打壓，放棄成都北上西川，在西充的山間駐紮下四大營，分別在今天順慶區的七坪寨、四方寨和西充縣金山鄉、鳳凰山一帶。這樣的布置，四大營既可以遙相呼應，又能自成一體，進可攻退可守，清軍難以長驅直入，可以為張獻忠爭得喘息和休養的機會。然而，沒想到的是，張獻忠治下駐守保寧府（今四川閬中）的劉進忠，因為擅自率軍攻打漢中慘敗，擔心受到處罰而投降了清軍。這一來，張獻忠的北大門保寧府拱手獻給了豪格。劉進忠投靠清軍後，為清軍提供情報，豪格得知張獻忠就駐紮在西充，且「去此千四百里，疾馳五晝夜可及」。在豪格的利誘之下，劉進忠同意為清軍帶路。豪格派鰲拜率領先鋒部隊急行軍，日夜兼程。清軍行軍極為迅速，在第二天黎明時分，就趁著迷霧來到鳳凰山，抵達西充，與張獻忠軍短兵相接，打了張獻忠一個措手不及。張獻忠及其部隊在尚未清醒時，起來倉促迎戰。張獻忠匆忙之中帶手下出去偵察敵情，沒想到剛出來就被劉進忠認出，並且馬上告知豪格，豪格即刻命令手下射箭，張獻忠被射中。張獻忠中箭後，被將士們攙扶回營房，不多久去世。由於戰事緊急，眾將士將張獻忠就地掩埋，清兵發現後將張獻忠斬首。豪格成功攻破了張獻忠的一百多個營寨，斬首上萬人，俘獲了一萬二千多匹馬和騾子。

接下來，豪格陸續平定遵義、夔州、茂州、榮昌、隆昌、富順、內江、寶陽等地，用了兩年的時間才徹底平定四川。四川百姓在明廷官員和當地士紳的帶領下，對清朝軍隊展開了激烈的反抗，但是被殘忍地鎮壓。當時的四川幾乎到了「彌望千里，絕無人煙」的地步，後來社會生產幾乎完全停頓，無法解決糧餉供應，清廷不得不將湖廣的人口遷至四川，這就是有名的湖廣填四川。

順治五年（一六四八）二月，豪格徹底平定四川，留下王遵坦和原左良玉部下總兵李國英等明朝降將駐守四川，率大軍經陝西班師回京。順治帝為了表彰豪格，親自到太和殿設宴慰勞。

然而，緊接著，豪格就被家臣告發冒領功勳，後又被告曾起用揚善之弟吉賽為護軍統領，而揚善是清朝罪臣。借此機會，多爾衮將豪格定罪下獄。一個月後，豪格死於獄中。

第三章

順治——百戰安天下

在崇德八年（一六四三）八月，皇太極溘然長逝於盛京（今遼寧瀋陽）皇宮清寧宮。據《清史稿》記載：「是夕，亥時，無疾崩。」一國之主皇太極毫無預兆的暴逝顯然給發展壯大中的大清國和諸王大臣打了個措手不及。

五天後，八月十四日，八旗王公勳貴大臣齊聚崇政殿，籌畫謀立新君。此情此景在代善、多爾袞、濟爾哈朗等王公們看來，和十七年前努爾哈赤崩逝後的一幕何其相似，那就是汗位（皇位）繼承的棘手問題。此時最有希望和呼聲最高的繼位人選當屬擁有兩黃旗支持的豪格和多爾袞。當然，元老級代表禮親王代善理論上也不是沒有資格一爭高下。但是兩虎相爭必有一傷，何況還有其他蠢蠢欲動的三虎，等等，兩黃旗大臣「盟於大清門，令兩旗巴牙喇兵張弓挾矢，環立宮殿，率以詣崇政殿」[1]。遏必隆、圖爾格等又「傳三牛錄下護軍，備甲冑弓矢護其門」。奪位大戰一觸即發。無論是哪一方強行登位，黃白四旗必然火拼，勝負先且不論，這些八旗中的精英將士定會大量倒在血泊之中，到時候八旗鐵騎元氣大傷，數十年來清朝兩代人拼死搏殺、戎馬生涯換來的有利局面就會土崩瓦解，如此高昂的代價誰能承擔？劍拔弩張

1 趙爾巽，《清史稿》中華書局一九九七年版，第九五二〇頁。

的僵局在聰慧過人的睿親王多爾袞的倡議下終得緩解，各方斟酌妥協的結果：立皇太極第九子福臨繼位，由多爾袞、濟爾哈朗共同輔理國政。

順治元年（一六四四）四月初八，攝政王多爾袞親率大軍攻明，欲圖問鼎中原，奪取對全國的統治權。

此時的八旗軍隊，連年征戰，訓練有素，擅長騎射，屢敗明軍，士氣高漲，是一支威力強大的強兵勁旅，要想進入關內與無數「英雄」一爭天下，是有一定資本的。但是，能否奪取最後的勝利，一統天下，有待時間和實踐檢驗。現在橫亙在滿洲貴族王公們面前的，仍有許多艱難險阻。隨著明崇禎帝吊死於煤山，衰落腐朽的朱明王朝早已失去競爭的資格，而李自成、張獻忠領導的大順、大西政權，風起雲湧、勢如破竹，正如日中天的農民軍已然上升為清軍的主要對手，他們南征北伐十餘年，猛將如雲，兵強馬壯，聲勢浩大。就是在李自成、張獻忠敗給清軍壯烈犧牲後，大順、大西農民軍餘部仍然高舉抗清大旗，堅持鬥爭，給清王朝帶來嚴重的威脅。除此以外，不甘心就此退出歷史舞臺的朱明遺室、官紳、將領在清軍入關後，紛紛起兵，先後擁立明朝宗室稱王稱帝，與清軍對抗，史稱南明政權。更為麻煩的還有影響更大的鄭成功的長期抗清鬥爭。這些成為沖齡繼位的少年天子順治帝和他的王公大臣們不得不面對的困境。

01

一門三代擁立之功

清朝初年，愛新覺羅家族為入主中原統一全國立下汗馬功勳的「八大世襲罔替鐵帽子王」之中，禮親王代善一門是最顯赫的，因為代善祖孫三代就占了三個，即代善首封的禮親王，其長子岳託首封的克勤郡王，其孫勒克德渾首封的順承郡王。這在清朝歷史上是絕無僅有的榮耀。清太宗皇太極及其子順治帝福臨之所以能夠順利登上大位，離不開代善一門祖孫三代的力捧「擁戴」，可謂功勳卓著。

努爾哈赤的突然離世，誰是繼位新汗成為當時後金最矚目的焦點。按照努爾哈赤確立的八大貝勒共同治國的方針政策，新任汗王不是由汗父選定，而是由八大貝勒推舉賢者承繼為君。這樣一來，當時的四大貝勒是：代善、阿敏、莽古爾泰、皇太極，還有各旗主貝勒、執政貝勒，都有機會成為新的後金之主。到底誰能脫穎而出，在激烈的競爭中成為大汗呢？這個繼承人既可以從國家發展大局出發考量，推賢能有為之主，也有可能從當時各個貝勒個人利益出發，例如擁戴本旗旗主等。諸王貝勒中以代善年長，其資歷威望皆高，自然成為諸王首領。大小貝勒都對空缺的汗位虎視眈眈，覬覦不已。然而，最有可能成為汗位繼承人者無疑是代善和皇太極兩個人。大貝勒代善，努爾哈赤次子，母親為努爾哈赤第一位大福晉佟佳氏，青少年起就與兄長褚英、叔叔舒爾哈齊統兵出征，驍勇善戰，大敗烏拉部，建立殊勳。此後多次率軍出征，功勳卓著，深得其父倚重，尤其在其兄褚英被廢黜死後，曾被立為「太子」相當長一段時間，即使後來因故被廢，還是位列四大貝勒之首，仍是汗父一人之下萬人之上的權勢最大之人，負責處理軍政要務，親領正紅、鑲紅兩旗旗主。同時，代善一門子侄輩出，皆是能征善戰之人。當然，與之相比，四貝勒皇太極也不遜色，他青年時代就隨父出征，每每疆場禦敵，總是身先士卒，衝鋒在前。像薩爾滸大戰、征服葉赫、馳援科爾沁，都是獨當一面的將領，功勞無人出其右，可謂智勇雙全。他還精通文史，能文能武，又深諳治國安邦之策和制衡權術之道，正白旗旗主，手下皆八旗子弟中的精銳。代善雖然戰功赫赫，為人持重敦厚，但在文韜武略、治國才能上卻不及皇太極。代善為人持重明理，胸懷大局，他從愛新覺羅家族利益出發考慮，自知才能、魄力與皇太極相差甚遠，只有皇太極繼位才可能使當時的後金勵精圖治、克服困難，革除弊政、發展壯大。在此關鍵時刻，與皇太極關係匪淺的代善的兒子岳託、薩哈璘兄弟向其父代善進言：「國不可一日無君，宜早定大計，四貝勒（皇太極）才德冠世，深契先帝聖心，眾皆悅服，應速即大位。」代善本無意與皇太極爭位，他馬上說道：「此吾素志也，天人允協，其誰不從？」代善隨即將此意思分別向二大貝勒阿敏、三大貝勒莽古爾泰傳達並徵求意見，取得一致見解後，代善立即召集諸王貝勒開會，宣布岳託等人提出的議案，眾貝勒一致表示議案通過。在代善提議下，他們共同擬定了一份勸進書，請皇太極即汗位時，皇太極卻表示推辭「皇考無立我為君之命，若舍諸兄而嗣位，既懼弗克善承先志，又懼不能上契天心，且統率群臣，撫綏萬姓，其事綦難。」（《東華錄》）皇太極果真不想登大位嗎？當然不是，他是汗位的積極爭奪者，否則也不會和代善、阿敏等幾大貝勒處心積慮地迫使當時的大福晉，即多爾袞三兄弟的母親阿巴亥殉葬。他當然也不是認為自己能力不夠，他只是顧慮到自己繼位的種種困難，戰功赫赫、勢力不容小覷的諸王貝勒能否真心擁戴。關鍵時刻，代善和他的子侄一再擁請，皇太極方接受請求，繼位為汗。

天命十一年（一六二六）九月初一，皇太極身著盛裝，率諸王大臣祭堂焚香，向天跪拜立誓，皇太極登基繼位，走上歷史舞臺，成為後金新一代領袖。

十年後，皇太極受滿蒙王公及漢官擁立即皇帝位，建國號大清，改元「崇德」，設立「鐵帽子王」。為了酬賞代善一門擁立之功，皇太極封代善為和碩禮親王，其子岳託和薩哈璘分別被封為和碩成親王和穎親王。這就是代善一門三位「鐵帽子王」的由來。

再說說和碩成親王岳託，在努爾哈赤的孫子輩的宗室子弟中是一個木秀於林的人中翹楚，富有遠見、頭腦清醒。他自小與皇太極關係密切，在擁戴皇太極繼位之事上更是不遺餘力，起到了極大的推動作用。皇太極繼位後，地位尚不穩固，國家權力實際分散在與自己平起平坐的三大貝勒手中，岳託又積極協助皇太極加強皇權，打擊削弱三大貝勒的勢力。因此，岳託深受皇太極器重，是皇太極的心腹之臣。此外，他還能征善戰、功勳卓著。後來，隨著皇太極地位的逐漸穩固，因為岳託性情耿直、「恃功傲主」等過失被皇太極定了五宗罪，更因拋弓事件被褫奪親王稱號，相繼貶至貝勒貝子。後來，岳託再次出征攻明，因天花病逝軍中；皇太極念其功績，追封克勤郡王。

代善第三子薩哈璘是代善一門所出的另一個「鐵帽子王」，其為人「明達聰敏，通曉滿漢文字」。《清史稿》評價他說，「凡一切皇猷，大有贊助」。這主要指他和岳託對皇太極的「擁戴」。薩哈璘一生追隨皇太極，是愛新覺羅家族大業的忠誠擁護者和開創者之一，為完成統一大業，竭盡所能，甘灑熱血。他第一個站出來擁立皇太極繼承汗位，並盡心輔佐。為了鞏固皇太極的皇位，當他看到三大貝勒有的竟敢於向君主挑戰，他勇於出頭，與其兄長岳託多次建議皇太極削弱三大貝勒的勢力，抑制八旗旗主的權力，加強皇權統治。正因為如此，薩哈璘與岳託同樣受到皇太極的恩遇和器重。後來皇太極設六部，薩哈璘被任命為禮部主管，掌管國家禮制大權。天聰九年，察哈爾林丹汗部被滅，林丹汗後妃、子嗣歸降後金，同時將元朝傳國玉璽進獻給皇太極，皇太極君臣皆大喜，認為這是「天命所歸」，皇太極應為天下命定之君主，諸貝勒大臣紛紛上表恭賀勸皇太極上皇帝尊號，即皇帝大寶。然而，皇太極明言謝絕，理由是大業未成，先受尊號是妄自尊大，會受到天譴。這時，薩哈璘揣摩出了這位皇叔的心思，他派出希福、剛林等人向皇太極表忠心，表示諸貝勒都要立誓言做出保證，以盡臣道，再次懇求皇太極接受尊號。皇太極聽了這番表忠心的話很是讚許，在收到薩哈璘提議的諸王貝勒的誓言書面報告後，天命十年

（一六三六）四月，皇太極正式即位，受尊號「寬溫仁聖皇帝」，改元崇德，定國號大清。崇德元年（一六三六），薩哈璘病逝，被追封為和碩穎親王。皇太極接到噩耗，「自辰至午」半天之內連續四次前往王府哀悼。他在祭文中說：「薩哈璘貝勒乃我兄之子，管理一部大務，協理國政，勤勞王家，其功不少，追贈爾為和碩穎親王。」皇太極又下旨由薩哈璘生前最看重的兒子順承郡王勒克德渾承繼「鐵帽子王」王位，算是對薩哈璘多年忠心耿耿、誓死追隨的回報。

崇德八年，清太宗皇太極去世，沒有遺詔，沒有儲君，皇位之爭驟然間成為滿族貴族統治集團內部鬥爭的焦點，這也是關係著大清國未來命運走向的關鍵一步。當時有資歷有資格有條件繼立為帝的人選主要有三位：禮親王代善、肅親王豪格，睿親王多爾袞。其中，皇太極長子肅親王和太宗弟弟睿親王多爾袞為了爭奪大位幾乎到了打架的地步。而此時代善的處境不同於努爾哈赤去世後的汗位之爭時的情況，爭位者及其實力都發生了變化。經歷過清太宗一朝的數次打壓，禮親王代善一門的勢力早已大不如前，這時的代善年事已高，暮氣十足，淡出朝政已有時日，完全一副退休賦閒的姿態，再加上岳託和薩哈璘都英年早逝，其他子孫要嘛與他離心離德，要嘛年紀尚幼不成氣候，所以代善作為愛新覺羅宗室資歷最老的親王，此次理論上具備爭位的資格，但十七年前實力最雄厚時都沒有爭取的皇位，現在年邁的代善自然也不會妄想什麼。不過，代善的地位依然舉足輕重，因為他手中仍掌控著兩紅旗的實力，資格老，地位尊，代善一門還有一幫年輕氣盛、躍躍欲試的兒孫，他在皇位繼承人上可以說最具發言權，影響力也能在一定程度上決定未來爭位的局勢走向，他支持誰或者反對誰都是朝野上上下下矚目的焦點。因為年長的宗室貴族都沒有忘記當年努爾哈赤去世，正是代善出來主持議立新汗的會議，也是代善及其二子的鼎力擁護才讓皇太極坐穩了龍椅。在這緊要關頭，代善依然有能力和實力再次扛起這個重任。最終，代善本著化干戈為玉帛的態度化解了豪格和多爾袞之爭，採取折衷的辦法讓多爾袞支持了由清太宗第九子福臨繼位的提議，再加上兩黃旗勢力的拼死擁立，年幼的福臨繼承了帝位。可以說，代善在這場關係到清王朝命運的政治鬥爭中起到了關鍵作用。順治五年（一六四八），代善因病死於府中。順治聞訊，加諡號曰「烈」，後世便稱他為禮烈親王。

縱觀順治年間，順治帝福臨給了代善一家崇高的禮遇，他們一門就占了三席世襲罔替的王位，這既凝聚了愛新覺羅宗室貴族團結一致的心力，也激勵了家族同盟的後輩，除了代善一系，其他愛新覺羅子弟也皆奮不顧身、爭建勳業。

02

順治初設襲封之制

定鼎中原並不意味著四海臣服，況且是北方遊牧民族入主華夏。抗清烽火相連，統一全國的艱巨任務尚不知期，解決多年蒼生離亂，恢復生產，撫輯群黎，緩解民族矛盾，這一切都是新生的大清帝國統治者的要事。國之初定首先要戡亂安民，那就要平定農民軍、南明政權以及地方抗清義兵的活動，按照當時雙方的實際軍事力量對比，農民軍和南明部隊及地方抗清義兵加在一起，數量可達二三百萬，二十倍於清軍之數，差距懸殊。面對這種情況，是偃旗息鼓撤兵而回，還是知難而進，逆流深入，以拼死衝殺去博取勝利？取勝之後是如阿濟格所說的那樣：「如今就應該乘著兵威聲勢，大肆屠戮一番，然後留諸王守燕京，大軍或者退還瀋陽，或者退保山海關」，還是遷都北京，君臨天下？這是擺在滿族貴族統治集團面前必須迅速做出選擇的一道必選題。很快，大清攝政王多爾袞果斷力排眾議，他以太祖父兄十三副鎧甲艱難起兵、浴血奮戰的榮光歷史喚起愛新覺羅家族男兒的雄心壯志，御前會議制定了集中全力，拼死進攻，入主中原的方針，在政治、經濟、軍事、文化、民族關係等方面，實行了一系列政策和措施，以建立和鞏固清王朝對全國的統治。當然，這些撫國安民的治國理政之道需要整個宗室王公的支援。那麼，應該怎樣對待這些名為天潢貴胄又戰功卓著的「叔伯兄弟」呢？當年努爾哈赤之所以能由十三副鎧甲起兵的小部落首領，成為雄踞遼東的後金國大汗，在很大程度上是由他的兄弟子侄、諸貝勒、台吉的支持與搏鬥的結果，沒有諸位貝勒旗主的身先士卒、統兵血戰，就不會有後金的建立，更不會挺進遼東。皇太極之所以能屢敗明軍，為進軍中原奠定雄厚基石，也離不開這些「自家人」的浴血廝殺。順治元年，清軍揮師入關，在攝政王多爾袞的統率下，多鐸、阿濟格、濟爾哈朗、豪格、勒克德渾等親王、郡王皆先後領兵出征，節節勝利，愛新覺羅家族一統全國的重任還是要依靠馬上得天下。

順治元年四月，尚在沖齡的順治帝多次發布聖諭，曉諭大家奪取天下是八旗王公貴族的根本利益。攝政王多爾袞也反覆強調，此次用兵和往昔不同，這次大舉出兵主要是為了「建立功業」，確立大清政權對全國的統治，使愛新覺羅家族能夠家天下。

出兵前夕，多爾袞就諭告諸王大臣「今者大舉不似先番，蒙天眷佑，要當定國安民，以希大業」[2]。

四月二十二日，多爾袞率大軍與李自成部隊決戰之前，再次召集親王、郡王、貝勒、貝子、公及八旗大臣，強調指出，一定要拼死搏鬥，以成大業。他訓示王公大臣說：「爾等毋得越伍躁進，此兵不可輕擊，須各努力，破此則大業成矣。」[3]

推翻明朝取而代之，打下江山放馬中原，這就是清朝王公貴族的最大心願，也是推動他們統兵領將持續征戰的根本動力。

於是，充分調動這些「叔伯兄弟子侄」的積極性，以便勠力同心，同仇敵愾才能節節勝利保住戰果，就必須盡力增強滿族貴族集團的力量，使之成為建立和鞏固愛新覺羅江山的中流砥柱。要做到這一點，關鍵是要給予宗室王公貴族更大權力，保

2 《遼海叢書．沈館錄》卷七，順治元年四月二十三日條，《叢書集成初編》，新文豐出版公司一九八九年版，第二五二頁上。

3 《清世祖章皇帝實錄》卷四，順治元年四月己卯條，《清實錄》第三冊，中華書局一九八五年版，第五五頁。

持愛新覺羅家族的精誠團結，最大限度地發揮宗室貴族的作用。因此，清統治集團確定了「篤厚宗親」的基本國策。

順治元年（一六四四）十月，順治帝福臨從盛京（今遼寧瀋陽）遷都北京，建立起清朝對全國的統治，昭告天下。其中第一條，就是厚待宗室王公。恩詔頒布，「親王佐命開國，濟世安民，有大勳勞者，宜加殊禮，以篤親賢」。[4] 加封多爾袞為「叔父攝政王」，賜金一萬兩、銀十萬兩、緞一萬匹及冊寶。冊文中這樣描述：「叔父又率領大軍，入山海關，破賊兵二十萬，遂取燕京，撫定中原，迎朕來京，膺受大寶……用加崇號，封為叔父攝攻王。」[5] 同時，加封濟爾哈朗為「信義輔政叔王」，賜冊寶及黃金一千兩、白銀一萬兩、彩緞一千匹。阿濟格、多鐸等率軍入關，「助定中原」，晉阿濟格為和碩英親王、多鐸為和碩豫親王，晉羅洛宏為多羅衍禧郡王，封尼堪、博洛為多羅貝勒，封輔國公滿達海、吞齊、博和托、吞齊喀、和托、尚善為固山貝子。

4 《清世祖章皇帝實錄》卷九，順治元年十月甲子條，第九四頁。

5 《清世祖章皇帝實錄》卷九，順治元年十月甲子條，第九八頁。

入主中原，家大業大，皇子王孫都是這份家國大業的受益者，皇帝自然要個個封賞。這樣既保障了宗室王公的利益，確保他們更好地效忠皇帝，讓愛新覺羅江山永固，又擴充了宗室貴族的隊伍，鞏固了愛新覺羅家族的統治基礎。順治元年（一六四四）十月的「即位恩詔」第二條有「親郡王子孫弟侄，應得封爵，該部通察往例，損益折衷具奏」[6]的規定。順治六年（一六四九）恩旨大封宗室諸臣並規定王爵及以下晉封規章制度：「宗室列爵十等。親王一子封親王，餘子封郡王。郡王一子封郡王，余子封貝勒。貝勒子封貝子，貝子子封鎮國公，鎮國公子封輔國公，輔國公子授三等鎮國將軍。」後來，順治帝福臨親政，為加固統治的根基，爭取諸王公的大力支持，多番加恩宗室，封賜晉封宗室爵位。他先是給曾被多爾袞貶降為郡王的博洛、尼堪復爵為親王，並正式封他們為和碩親王，接著又賜封了一大批宗室，這次晉封的主要對象是曾經的罪人後裔和庶妃所出皇子的子孫。例如，被皇太極削爵籍沒監禁的阿敏的後代，其子郭蓋、郭賴等被罷黜宗籍為民，順治年間才被封為二等鎮國將軍，福臨將二人晉升為鎮國公。再如，努爾哈赤的同父異母弟莫爾

6《清世祖章皇帝實錄》卷九，順治元年十月甲子條，第九四頁。

哈齊，因係庶妃所生，雖驍勇善戰，素有軍功，為統一女真立下汗馬功勞，但未能躋身四大貝勒、和碩貝勒、議政貝勒行列，順治追贈為誠毅勇壯貝勒；其子務達海、韓岱、塔海等都沒有像褚英、代善、莽古爾泰、皇太極、多爾袞、多鐸等貴為貝勒，後改封為親王，而是從低階軍官做起，靠軍功或者加恩封授奉恩將軍、輔國將軍、鎮國將軍以及輔國公、鎮國公，其中只有務達海晉封到固山貝子。而務達海等人的子孫，都為閒散宗室，處於低級爵位。福臨恩封莫爾哈齊之孫穆青、席布錫倫等為輔國公、鎮國公。整個順治年間，先後分封、晉升為和碩親王、郡王的（包括復爵、追封的），有和碩肅親王豪格（及其子和碩顯親王富壽）、和碩豫親王多鐸、和碩英親王阿濟格、和碩承澤親王碩塞、和碩敬謹，親王尼堪、和碩端重親王博洛、衍禧郡王羅洛渾，順承郡王勒克德渾、敏郡王勒度、謙郡王瓦克達、溫郡王猛峨、康郡王傑書、簡郡王濟度，郡王塔爾納、祜塞等，加上原有的和碩禮親王代善和碩睿親王多爾袞、和碩鄭親王濟爾哈朗，共有十八個王。封多羅貝勒的有尚善、杜爾祜、喀爾楚渾等十三個貝勒。封固山貝子的傅喇塔、溫齊、務達海等十八人，加上鎮國公、輔國公等，封為親王、郡王、貝勒、貝子、公爵的共有九十六人，遠遠超過了入關前王公的數字，宗室貴族有了大規模的發展。

在共同命運利益的枯榮相連和「篤厚宗親」政策的鼓勵下，順治年間，愛新覺羅宗室的皇子王孫，從多爾袞、濟爾哈朗、多鐸等決策階層的王公貴族，到閒散宗室，紛紛披堅執銳，從征上陣，為大清王朝的建立和鞏固南征北戰，建功立業。一些王公勳貴甚至血濺沙場，殞命征途。乾隆年間，大學士、一等公阿桂奉旨編撰《欽定宗室王公功績表傳》，對清建國伊始宗室從征情況褒贊之情溢於言表：「諸史列傳載，從龍征伐，雖不乏懿親，亦從無多至四、五十人，並奮起鷹揚，銘勳竹帛，共震萬世之鴻基者。」

03

皇父攝政王

❖擁戴福臨輔弼幼帝

崇德八年（一六四三）八月，清太宗皇太極猝死於盛京皇宮清寧宮。由於皇太極生前未立儲君，也沒有留下遺詔，所以在滿洲宗室貴族中發生了尖銳而複雜的皇位之爭。

平心而論，當時有可能繼承皇太極留下的寶座的是三個人：代善、豪格和多爾袞。但實際上，最激烈的競爭發生在後兩個人身上。因為當時代善已經退居賦閒，淡出朝政許多年，不太可能主動出來參加爭位。而後二人在實力對比上，豪格其實要略勝一籌，因為他有正黃、鑲黃、正藍三旗的支持，更為重要的是，掌握正紅旗、鑲紅旗的代善和濟爾哈朗在感受到多爾袞咄咄逼人的氣勢後，也傾向豪格，繼位人選的天平已經向豪格傾斜了；而多爾袞只有正白、鑲白兩旗的支持。

山雨欲來風滿樓，圍繞多爾袞與豪格間的帝位之爭，雙方的後援團立即展開了行動。皇太極去世沒幾天，一直由皇太極親領的兩黃旗大臣圖爾格、索尼、圖賴、鞏阿岱、鰲拜、譚泰、塔瞻等都來到豪格的王府，他們身為皇帝親領近臣，毫無疑問地主張皇子嗣位。所以，在眾人的倡議下，豪格決定參與爭奪皇位。兩黃旗將領們與豪格達成一致意見後便立即開始積極採取行動爭取更多的支持。放眼望去，最可能爭取到的支持者就是濟爾哈朗。濟爾哈朗其父舒爾哈齊為努爾哈赤同胞弟弟，為近支宗室，並非太祖一脈嫡系，他開始只是鑲藍旗的一個普通貝勒，旗主為其二哥阿敏。後來，皇太極開始剷除威脅汗位的其他掌權貝勒，提高君威、抑制王權，尤其是削弱三大貝勒的勢力，以逐步破壞和取消八貝勒共同治國體系。那一年阿敏率軍攻明不遂，棄城撤退，受到皇太極的嚴厲譴責，以此為由頭被定議十六條罪狀，阿敏被革去和碩貝勒和鑲藍旗旗主身分並幽禁而死。濟爾哈朗繼承了其身後財產並成為新的鑲藍旗旗主，深受皇太極的恩遇提攜。從這一層看，濟爾哈朗應該會站隊到擁立皇子的這一方。可濟爾哈朗並非一般庸碌之人，他是當時大清國聲名顯赫的王爺，二十多年來，激烈的政治鬥爭中，一直應對較為順利，此刻他也關注保皇子派的兩黃旗和勢力不容小覷的兩白旗的動向。客觀來說，他自然願意支持皇子繼位為帝，因為這不僅由於他受皇太極深恩而產生的報答心理，也是對他自身利益最有利的選擇，一旦擁立皇子成功，他便可以繼續保持與君上多年來的特殊關係。如果不是皇子繼位而是其他貝勒、親王繼位，那就不太好說了。例如，正白、鑲白兩旗的三位王爺可不是什麼好伺候的主兒，阿濟格性格莽撞，多鐸年輕勇狠，多爾袞機智多謀，如果這三人掌權，並非濟爾哈朗之福。所以，在豪格請他支持擁立自己時，他稍微猶豫了一次後便表示支持豪格入繼大統。猶豫是因為此時的兩白旗勢力強大，未必能如豪格所願。所以，濟爾哈朗提醒豪格派來的使者：「我意亦如此，」但睿親王「尚未知，待我與眾商之。」

正如濟爾哈朗所憂慮提醒的，就在豪格為繼承皇位積極謀劃奔走的時候，多爾袞也對皇位虎視眈眈，他正準備自立為帝。正白、鑲白兩旗將士都主張立多爾袞為帝。當皇位爭奪大戰一觸即發時，阿濟格和多鐸甚至跪在表面不動聲色的多爾袞面前：「你不繼位，莫非是害怕兩黃旗大臣嗎？舅舅阿不泰和固山額真都說了，兩黃旗大臣，願意皇子繼位的不過就是幾個人，我們在兩黃旗的親戚都願意你繼大位啊。」

多爾袞為人機警深沉，十七年前努爾哈赤去世，母親大妃阿巴亥被迫自殺，自己和阿濟格、多鐸年輕勢單，皇太極強勢上位，莽古爾泰、阿敏相繼被羅織罪名剷除或追罪，只有多爾袞靠著委曲求全、韜光養晦，在皇太極面前裝出一副順從乖巧的模樣，才被皇太極一路提攜，從旗主貝勒到了和碩親王！此時的多爾袞怎麼能不想奪取大位，一雪前恥？但是，多爾袞作為一名政治家，在大清國的國運面前必然要站在全域立場，他雖然覬覦皇位，但更要考慮清楚行動的後果。一旦與兩黃旗發生混戰是否能控制住整個局面？八旗將士是否全然聽命自己？如果不能，代價將如何之巨大、後果將如何之不堪，這對於自幼久經政治鬥爭的多爾袞來說是不言而喻的。

在停放皇太極棺柩的崇政殿東西廡，八旗王公大臣聚集一堂，議立嗣君，代善、濟爾哈朗、多爾袞、多鐸、阿濟格、豪格、阿達禮、阿巴泰、羅洛渾、尼堪、博洛、碩託以及艾杜禮、滿達海等人都赫然在列。令人出乎意料的是，首先開口的是索尼、鰲拜，他們提出立皇子為君。按照常理，這樣關係國家命運走向的軍國大事都是由八旗王公貝勒商議決定的，八旗其他侍衛也好，固山額真也罷，其他將領即使列席會議但絕對沒有在各大貝勒和八旗旗主貝勒發言之前搶先發言的道理，議立下一任皇帝君主此頭等軍政大事更是不可能允許一個大臣先說話的。所以，多爾袞立即以慣例規矩為名、以和碩貝勒共議國政的制度為理由，命令索尼二人退出崇政殿。但崇政殿外兩黃旗的官兵卻是全副武裝，一步不退地包圍著整個大殿，明顯宮外的局面是兩黃旗占據主動和上風。相反，崇政殿內的變化卻對多爾袞十分有利，阿濟格和多鐸兩位郡王都在會議現場，他們馬上站出來公開發言，力勸多爾袞繼位。多爾袞依然不置可否，因為他看到了兩黃旗的蠢蠢欲動。多鐸年輕氣盛，一刻不等地提出：「若不立多爾袞，當立我，我的名字在太祖遺詔。」多爾袞反駁說：「肅親王的名字也在遺詔上，不獨你。」明確表達了不同意多鐸或者豪格繼位為君。多鐸見狀又稱：「若論長，當立禮親王。」此時，代善說：「豪格乃帝之長子，當承大統。」此話一出，濟爾哈朗率先附議，但關鍵時刻，豪格卻想以退為進，他竟以「福小德薄」為由表示難當大任，以當即退席相威脅。黃白雙方隨即陷入僵局。這時，兩黃旗大臣見局勢發生了幾乎不可預測的逆轉，再不造聲勢難保清朝的江山，於是，他們氣勢洶洶地「佩劍而前曰：吾等屬食於先帝，衣於帝，養育之恩，與天同大，若不立帝之子，則寧死從帝於地下而已」。赤裸裸地以死相逼，代善見此情形聲稱：「睿親王若允，我國之福，否則當立皇子。我老矣，能勝此耶？」「吾以帝兄，常時朝政老不預知，何可參於此議乎？」起身離席而出。

多爾袞一言不發，但大腦中卻快速而認真分析此時的情勢，思考著應對策略。如果自己強行登基繼位，白黃四旗必然會打架，那將是大清國愛新覺羅家族和八旗將士的災難，打起來勢必兩敗俱傷。眼下，大清正值發展成長的關鍵時期，滿蒙諸王上下齊心，國力大增，八旗上下正在為實現努爾哈赤、皇太極的遺願——揮師入關、一統中原而努力。為了避免兵戎相見，他果斷想到了一個應對之策，只見他緩緩開口說道：「你們大家說得不錯，既然肅親王豪格謙讓退出，沒有繼位的意思，那麼就立先帝之子福臨吧！不過他還年小幼稚，最好由鄭親王濟爾哈朗和我左右輔政，共管八旗事務。等福臨年長之後，當即歸政。」這個提議極大出乎了在座諸王和列席八旗大臣們的意料，但這個建議在當時劍拔弩張的緊迫關頭，不得不說是一個兩全的絕妙辦法，對原本支持豪格的兩黃旗大臣來說，立年僅六歲的福臨為帝，滿足兩黃旗立皇子的願望，只要是皇太極之子就行，無所謂哪一個。至於原本有六七分勝算把握的肅親王豪格則完全處於措手不及的懊悔狀態，以進為退的提前離席卻被人鑽了空子，此時已是悔之晚矣，有苦難言。對於多爾袞而言，由自己和鄭親王濟爾哈朗共同輔政，雖然不能繼位為帝，但作為輔政王，自己可以掌握生殺予奪的國家大權，還可以逐漸削弱豪格的勢力以及其他敵對勢力。對於鄭親王濟爾哈朗來說，福臨為皇子繼位，自己又是與多爾衮並尊的輔政王，自己是既得利益者，自然樂見其成。而禮親王代善作為族長，本無意爭位，這件事能和平化解，雙方各退一步，以妥協避免爭端殺戮，當然也無異議。代善很快建議愛新覺羅宗室王公及文武大臣對天盟誓，效忠皇帝。

❖定鼎燕京　開國定基

崇德八年（一六四三）八月二十六日，愛新覺羅・福臨在盛京皇宮舉行登基大典，接受文武百官的朝賀。

當時，關內大明王朝氣數已盡，而聲勢浩大的農民起義已經進入掃尾階段。於是，在關內中原大地如同疾風驟雨的變幻大勢面前，多爾衮顧不上皇太極梓宮尚在崇政殿未移入帝陵入土為安，就迫不及待地讓濟爾哈朗、多鐸脫去喪服，換上戎裝，出征攻明。九月底，大軍迫近山海關。揮師入關、橫掃中原似乎只是早晚問題了。此時，關內李自成的農民軍風頭正盛，主力已然齊聚豫陝，兵鋒直指京城。大清八旗軍和農民軍雙方距離明朝政治中心北京均為數百里之遙，在這赫然相對、逐鹿中原的前夕，多爾袞將何去何從呢？根據當時對農民軍的有限了解和八旗軍隊的攻打目標，多爾袞本打算聯合農民軍推翻朱家天下的統治，於是，多爾袞親自寫信給李自成，但不知為何始終不見回覆。在這決定當下，中國歷史正走向緊要關頭，清朝漢臣大學士范文程向多爾袞建議先入關占領京師，然後再追討農民軍。多爾袞接受此建議，準備親率十四萬清軍入關。誰料到，局勢瞬息萬變，李自成早已攻入北京，統治全國二百七十多年的大明王朝滅亡，末代皇帝崇禎吊死煤山，緊接著，山海關總兵吳三桂接受李自成招降後又「衝冠一怒」復叛。多爾袞面對棘手的問題，進也不是，退也不是。可吳三桂降而復叛的消息傳來，使歷史的天平又開始傾向多爾袞了。吳三桂派使者向清軍求援，後又親自面見多爾袞，請清軍入關，幾經討價還價，多爾袞與吳三桂對天盟誓，雙方約定共同進攻農民軍，最終吳三桂向大清朝俯首稱臣，中國歷史的舞臺拉開新的帷幕，新的主角悉數粉墨登場。

多爾袞率領清軍進入山海關，阿濟格和多鐸兵分兩路跟進。李自成接到軍報，知曉了清軍的到來，山海關本就易守難攻，但為了能搶在清軍前面消滅吳三桂，李自成派軍隊在山海關以內「北至山，南至海」排成一字長蛇陣。吳三桂親率大軍迎戰，阿濟格率鐵騎萬人入北門，多鐸率萬人鐵騎從南門出，從左右兩翼策應吳三桂，多爾袞親自率主力從中門進軍。這是關係雙方生死存亡的一場決戰，成者為王敗者為寇。所以，無論八旗軍、吳三桂軍還是農民軍都投入全部精銳，拼力衝殺，「炮聲如雷，矢集如雨」，雙方鏖戰半日，吳三桂軍作為先鋒幾乎精疲力竭之時，多爾袞抓住戰機，出兵猛攻，終於把李自成的軍隊壓制到了海邊，農民軍損失慘重。史書上載：「一食之頃，戰場空虛，積屍相枕，彌滿（漫）大野，騎賊之奔北者追逐二十里至城東海口，盡為斬殺之，投水溺死者亦不知其幾矣。」山海關屍骨堆積、血流成河。清軍取得了山海關大捷。李自成兵敗退軍後，率領部眾撤至永平，後又退回北京，匆匆登基為帝后又倉皇出逃北京，上演了一齣歷史的鬧劇和悲劇。而後，多爾袞率大軍來到北京，入主京城，大清愛新覺羅家族開啟了統一中原的大業。

隨著多爾袞入主北京，他一路收買民心、招撫漢族地主階級，在山海關時再三告誡八旗將士：「這次出師，是為了除暴安民，滅流寇以安天下。如今入關西征，就不能亂殺無辜百姓，亂搶財物，亂燒房屋，如不按此行事，就論罪。」並在進入北京後宣布：「各衙門官員，俱照舊錄用；朱姓各歸順者，亦不奪其王爵，仍恩養之。」並為崇禎帝發喪下葬。多爾袞作為進入北京後的實際掌權者，種種舉措對安定北京局勢、撫慰民眾，尤其是爭取漢族地主階級是非常奏效的，原有明朝官吏無不感激涕零，史料記載：「清兵殺退逆賊，恢復燕京，又發喪安葬先帝，舉國感清朝之情，可以垂史書，傳不朽矣。」[7] 就連南明大學士史可法也寫信給多爾袞表達「感恩圖報」之意。得民心者得天下，多爾袞很早就想定都北京了，這是太祖太宗兩代創業先驅生前的宏願。收取民心也是為遷都北京一統天下所做的積極準備。多爾袞與諸王、貝勒、滿漢大臣召開御前會議議定遷都之事，雖有一部分滿洲貴族不願遷都北京，試圖退回關外，但多爾袞還是力排眾議，決議遷都北京，並派吞齊喀、和託、固山額真何洛會等齎奏迎駕。

❖ 攝政叔王　鐵血獨裁

多爾袞在宣誓就任輔政王后，取消了八旗貝勒共議軍國大事的制度，而由兩位輔

7 《明清史料》丙編，第一本，《馬紹愉、陳洪范致吳三桂書》，臺灣中研院歷史語言研究所編輯本，第九四頁。

政叔王裁決，多爾袞逐漸排擠濟爾哈朗，開始獨攬大權。濟爾哈朗諭部院各官，凡白事先啟睿親王，而自居其次。實際上，多爾袞已然是首席輔政王，是大清帝國的最高決策人。有了這樣的身分和實權，多爾袞進一步排除異己，幾次三番斥責支持豪格的濟爾哈朗，後乾脆罷其攝政輔政，定悖亂罪名，降為郡王。他還分化兩黃旗，嚴厲打擊豪格，以報爭位之仇。

這樣僅僅用了五年時間，多爾袞完全做到了一人獨大，全面掌握軍政大權，並以順治帝的名義一再上尊號：叔父攝政王、皇叔父攝政王，並按照帝王禮制為多爾袞記《攝政王起居注》。順治四年（一六四七）十二月，多爾袞以「體有風疾，不勝跪拜」，請求免去他在御前行跪拜之禮。順治五年（一六四八）十一月，順治帝再下詔「皇叔父攝政王治安天下，有大勳勞，宜加殊禮，以崇功德，尊為皇父攝政王」，多爾袞真正成為大清王朝的最高統治者、真正的皇帝。隨著多爾袞地位愈加尊崇，對待政敵的手段愈加嚴苛，權傾朝野，剷除異己也勢必引起越來越多的非議和各種猜測。

多爾袞出任攝政王實際掌權的七年間，勢焰薰天，世人皆知有攝政王，而不知有幼帝，可謂集最高權力於一身。立國行政上，他承繼父兄創業的遺產，在用人方面，沿用了明朝的舊制，重開科舉，整飭吏治；面對開國之初百業凋敝的狀態，多爾袞力主革除弊政，保障了清初社會秩序的安定。他把「三院八衙門」作為中央機構。「三院八衙門」是皇太極一手創建的。三院指內三院，即內國史院、內祕書院、內弘文院，八衙門是吏、戶、禮、兵、刑、工六部與都察院、理藩院；又重用漢人，增設六部漢人尚書，如清初的范文程、洪承疇、陳名夏等都是朝廷重臣。順治元年（一六四四），順治帝福臨下詔書，廣用漢人，開科取士。此政策一出，天下士子深以為意，爭相而去，連多爾袞都歎為觀止：「可謂多人！」清廷任用了大批漢族知識份子，加強了統治力量。順治二年（一六四五），多爾袞還親自給孔子定尊號為「大成至聖文宣先師」，並到孔廟拜謁。這種做法更加迎合了當時漢族知識份子的心理。但是由他實施的三大惡政——圈地法（縱馬圈占良田）、逃人法（逃人鞭一百，歸還本主。隱匿之人正法，家產籍沒。鄰右九家、甲長、鄉約各鞭一百，流徙邊疆）、剃髮令（留頭不留髮，留髮不留頭）——過於嚴酷，引發社會矛盾，造成了清朝前期社會的動盪。

❖塞外行獵 墜馬早逝

順治七年（一六五〇）十二月，清軍入主中原後的第一位實際統治者多爾袞因病逝世於喀喇城，享年三十八歲。

多爾袞本年紀不大，身體卻一直不太好，患有風疾（即高血壓）、心臟病。由於他連年征戰，馳騁疆場，政務又繁重，緊張工作，加上他生活作風腐化墮落，沉迷女色，縱慾無度，致使病情日益加重。順治二年，多爾袞自感身體不佳，他說：「今國家多事之時……機務日繁，疲於裁應，頭昏目脹，體中時復不快。年齒漸增，每遇冗雜無間之事，心輒燥懣。去歲乍抵燕京，水土不調，為疾頗劇，今差健勝，然亦未盡痊也。」多爾袞顯然身患多疾，許多事情已經感到力不從心，因此下令以後奏章簡明扼要，順治七年（一六五〇）十一月十三日，多爾袞以「有疾不樂」為由（實際上因心血管一類的疾病引起心情焦躁不安），率領諸王、貝勒、貝子、公等外出圍獵。本想騎馬射獵散散心、解解悶，但時值初冬，塞外氣候寒冷，又騎馬追獵，對他的心血管疾病是十分不利的。因此，他很可能是疾病突然發作，從馬上摔下來，把膝蓋跌傷，只是「塗以涼膏」，太醫傅胤祖雖然認為此種處置方式不妥，但不知是什麼原因多爾袞沒有抓緊時間進行治療；反而繼續騎馬追獵一隻老虎。「時王創甚，勉發三矢，度不自支」，回到喀喇城。同年十二月初九夜，多爾袞勉強吩咐了後事，竟然一命嗚呼。

多爾袞的死訊是五日後傳回京城的，這個消息令滿朝震驚，順治帝下詔「臣民易服舉喪」。又過四天，多爾袞的靈柩運回北京，福臨親率諸王、貝勒、文武百官更易縞服，到東直門外五里去迎接。順治帝福臨以子禮跪迎，並且連跪三次，親舉爵祭奠。順治帝下發《攝政王多爾袞薨逝詔書》，肯定其功勞，稱其「至德豐公」，後又下詔，追尊多爾袞為「義皇帝，廟號成宗」，元妃為「義皇后」。

然而，死後被追尊為皇帝的多爾袞身後哀榮還沒享受幾天就出問題了。多爾袞的死對於順治帝福臨和被壓制日久的兩黃旗大臣來說是苦盡甘來。因為攝政以來，多爾袞對少年皇帝福臨無視僭越，獨斷專行，福臨早就受夠氣了；阿濟格在多爾袞死後圖謀不軌，試圖搶班奪權，據談遷的《北遊錄》記載，多爾袞臨終前，「召英王語後事，外莫得聞」。此時多鐸已死，阿濟格是多爾袞的心腹，可能對攝政王權力的交接有所籌謀，要他繼承自己的地位。因此，阿濟格積極經營。當多爾袞死時，阿濟格姍姍來遲，「旋即歸帳」，晚上「諸王五次哭臨，王獨不至」，無心關注喪事。

阿濟格在多爾袞去世當晚「即遣三百騎馳入京」，意圖不言自明。但是，大學士剛林「知其意，立策馬行日夜馳七百里，先入京，閉九門，遍告宗王、固山等為備。俄三百騎至，皆哀甲，盡收誅之，英王未知也」；然後「諸王遂撥派兵役監英王至京」，將他逮捕問罪，這樣就砍掉了白旗多爾袞一派剩下的唯一臂膀。

緊接著，順治八年（一六五一）二月，蘇克薩哈、詹岱、穆濟倫爾惠揭發多爾袞「謀篡大位」，接著濟爾哈朗、滿達海、博洛、尼堪及內大臣等揭發說：「昔太宗文皇帝龍馭上賓，諸王大臣共矢忠誠，翊戴皇上。方在沖年，令臣濟爾哈朗與睿親王多爾袞同輔政。逮後多爾袞獨擅威權，不令濟爾哈朗預政，遂以母弟多鐸為輔政叔王。背誓肆行，妄自尊大，自稱皇父攝政王。凡批票本章，一以皇父攝政王行之。儀仗、音樂、侍從、府第，僭擬至尊。擅稱太宗文皇帝序不當立，以挾制皇上。構陷威逼，使肅親王不得其死，遂納其妃，且收其財產。更悖理入生母於太廟。僭妄不可枚舉。臣等從前畏威吞聲，今冒死奏聞，伏願重加處治。」

後來，福臨正式公布多爾袞罪狀，共九大罪名，指出多爾袞「逆謀果真，神人共憤，謹告天地、太廟、社稷，將伊母子並妻所得封典，悉行追奪」。當時有外國傳教士記載，當順治帝「發現自己的叔叔活著的時候，懷著邪惡的企圖，進行過曖昧的罪惡活動，他十分惱怒。命令毀掉阿瑪王即多爾袞華麗的陵墓，掘出屍體，……用棍子打又用鞭子抽，最後砍掉腦袋，暴屍示眾，他的雄偉壯麗的陵墓也化為塵土」。顯赫輝煌一時的睿親王府淪為廢園，多爾袞的親信被大批處死或貶革。

一百二十多年以後，乾隆帝弘曆認為，多爾袞「分遣諸王，追殲流寇，撫定疆陲。一切創制規模，皆所經劃。尋即奉世祖車駕入都，定國開基，以成一統之業，厥功最著」，被「誣告以謀逆」，構成冤獄，下詔為其昭雪，復睿親王爵，由其五世孫襲爵，並配享太廟，重修塋墓。其封爵「世襲罔替」，成為清代八家鐵帽子王之一。

04 濟爾哈朗南定湖廣，勒克德渾蕩平餘孽

❖ 濟爾哈朗南定湖廣

崇德八年（一六四三），皇太極的猝死引發了為爭奪皇位而劍拔弩張的尖銳複雜的鬥爭。濟爾哈朗也參與了此次議立新君一事。

濟爾哈朗係太祖皇帝努爾哈赤侄子，屬鑲藍旗，天命年間被封為貝勒，後來其兄鑲藍旗旗主阿敏因獲罪於皇太極被革爵幽禁，旗主也由濟爾哈朗繼承。皇太極駕崩後，多爾袞提議立皇太極的第九個兒子、年僅六歲的福臨為帝，並提出由自己和濟爾哈朗輔政，得到了王公及大臣的認同。濟爾哈朗成為清朝的輔政王，然而由於多爾袞的獨斷專行和排擠，隨著順治皇帝在盛京登基，濟爾哈朗諭部院各官，凡事先

啟睿親王，而自居其次。實際上，睿親王多爾袞是首席輔政王，濟爾哈朗沒有什麼實權。濟爾哈朗很有自知之明，他明白自己只不過是多爾袞的陪襯而已，更深知多爾袞風頭正盛，所以甘居下游，韜光養晦，以保全自己。

順治元年（一六四四），攝政王多爾袞率領八旗勁旅向山海關進發，準備殺入中原；後在距山海關外十里西河邊，打敗李自成的農民軍。同年五月，睿親王多爾袞率勁旅殺入山海關。九月，濟爾哈朗負責護送在盛京的順治皇帝福臨遷都北京。福臨在太和殿舉行登基大典後，晉封鄭親王濟爾哈朗為信義輔政叔王。

順治四年（一六四七），多爾袞以濟爾哈朗在營造自己的王府時擅立銅獅、銅龜、銅鶴並超面積建築辦公殿堂為由交部議罪。結果，濟爾哈朗被免去輔政的職務，罰銀兩千。順治五年（一六四八）三月，屯齊、尚善、屯齊喀告濟爾哈朗在皇太極崩逝後，不出來揭發整黃旗、鑲黃旗的大臣私下謀立肅親王豪格為帝，卻站到豪格那邊，同意豪格繼統，應當處以死刑。多爾袞知道此事後，將豪格押入大牢，濟爾哈朗為此受到牽連，被降為多羅郡王。很快，順治皇帝又恢復了他的封爵，並封他為定遠大將軍，令他率軍攻打湖南、廣西等地。濟爾哈朗領命後率大軍出征。在南下的過程中，濟爾哈朗率軍鎮壓了山東曹縣的起義軍，並抓獲了起義軍的首領。

順治六年（一六四九）正月，濟爾哈朗率領清軍進發湖南，走安陸府渡口，直抵長沙，打敗了湖南總督何騰蛟。接著，濟爾哈朗又分兵六路，分別進攻永興、辰州、寶慶、宣慶、靖州、衡州，並命順承郡王勒克德渾為前鋒，率軍一直殺到道州，平定了廣西。

❖勒克德渾蕩平餘孽

勒克德渾的父親是禮親王代善第三子薩哈璘。薩哈璘驍勇善戰而且智謀過人，他不僅聰達明理，通曉滿、漢、蒙古文，掌管禮部多年，而且積極建言獻策，忠心耿耿地輔佐皇太極開創帝業，深得皇太極的信任。這些對少年時期的勒克德渾產生了深遠的影響，他從小就嚮往父輩們決戰沙場，建功立業的人生。

然而，一六三六年對於尚且年少的勒克德渾是一個分水嶺，他心中的英雄、父親薩哈璘去世，勒克德渾只能與兄長阿達禮相依為命。薩哈璘深受皇太極的恩遇與愛重，病中多次受到清太宗的慰問。後來，清太宗還多次親自看望薩哈璘，為之病情傷心落淚。薩哈璘去世後，清太宗不僅親自前往憑弔，還在靈堂慟哭四次，並罷膳輟朝三日。很可能是愛屋及烏，所以勒克德渾並沒有因父親的病逝而備受冷落，相反，他在年輕一代的貴族中迅速崛起。

正當勒克德渾躊躇滿志，想大展拳腳時，厄運來臨了。一六四三年，清太宗駕崩，皇室又開始了一場圍繞權力的你爭我奪。這次鬥爭中，阿達禮由於公開宣稱擁護多爾袞稱帝而被各方譴責，不久被爺爺代善抓起來；後為平衡各方利益竟被以擾亂國政的罪名處死，同時被處死的還有碩託。勒克德渾也由此被牽連，被削奪爵位逐出皇室，貶為豪格旗下的庶民。多爾袞這招丟卒保帥，使勒克德渾遠離了權力爭鬥的核心，也使他日後免受牽連並受到了重用。

順治元年（一六四四），清軍大舉入關，多爾袞的勢力日趨壯大，成為清朝實際的最高統治者。這時他想起了因他而被貶的勒克德渾，於是他恢復了勒克德渾的皇室身分，並且冊封他為多羅貝勒。不難看出，這既是多爾袞對勒克德渾的籠絡，也是對阿達禮的補償，最主要的是向王公諸臣展示多爾袞已然有統攬全域的權勢和地位。

一六四五年，勒克德渾被任命為平南大將軍，接替多鐸駐紮江寧。在與南明的戰鬥中，勒克德渾展示了他卓越的軍事才華，成為令人矚目的巴圖魯。

當時南明魯王朱以海占據浙東一帶，在群臣的擁立下於紹興立國，他的軍事力量在錢塘江以南的沿江地帶構築了一條堅固的防線，使清軍難以進犯。

此時南明大學士馬士英與總兵方國安領兵渡過了錢塘江進攻杭州。勒克德渾在江寧得知後立即遣兵奔赴杭州解圍，馬士英與方國安看清軍勢大，立刻退兵撤回錢塘江。馬士英與方國安撤退後又分別攻占了杭州西南方的餘杭、富陽兩地。

勒克德渾於是派兵攻擊餘杭、富陽兩地的南明軍，兩軍合營在杭州城三十里外。清軍攻勢凌厲，銳不可當，馬士英與方國安大敗。正當清軍慶功之時，馬士英與方國安又率兵渡江包圍了杭州城，結果還是被清兵所敗，溺死者不計其數。

正當勒克德渾在江浙戰場上旗開得勝的時候，清軍在中部的湖廣戰場上卻頻頻告急。十一月，南明唐王朱聿鍵的隆武政權所任命的湖廣總督何騰蛟招納了原李自成的餘部李過、高一功、郝搖旗、劉體純等人，進入湖廣戰場，對清軍占領下的軍事重鎮荊州、武昌發動進攻，使湖廣戰場上的清軍面臨全面崩潰的境地。

西南危急，十二月，多爾袞急調勒克德渾移軍馳援湖廣戰場，於是勒克德渾親率滿蒙精銳，與鎮國將軍鞏阿岱一起，從江寧逆江而上，支援武昌。

順治三年（一六四六）正月，勒克德渾率軍抵近武昌，對南明軍展開了全面進攻。他運籌帷幄、指揮得力，首先派遣護軍統領博爾輝督軍進擊岳州解圍，自己率主力前往荊州。博爾輝首戰於臨湘，殲滅敵軍千餘人，隨後進抵岳州，擊退了南明軍的圍城部隊，明將黑運昌率兩百艘戰艦投降。

與此同時，勒克德渾的主力進至石首，碰巧南明軍渡江進犯荊州。勒克德渾不動聲色，悄悄派出了尚書覺羅郎球等人帶領一部人馬渡過南岸，等到明軍渡河一半的時候，突然水陸夾擊同時猛攻，大敗明軍，消滅了這一支明軍的援軍，之後大軍水陸並進，乘夜疾馳，向荊州奔去，第二天凌晨兵臨城下。由於清軍行動迅速詭祕，駐紮在城外的明軍竟然毫無察覺。到了晚上，覺羅郎球等人將明軍在江中的戰艦盡數奪走；之後又指揮八旗鐵騎分兩翼殺入明軍主營，明軍與大順軍猝不及防，被清軍打得一敗塗地，戰線全面崩潰，傷亡十分慘重。

勒克德渾又命巴布泰等人率軍乘勝追擊，明軍雖然敗退，可是依然奮戰如前。自安遠、南漳、喜峰山、關王嶺至襄陽等地，與清軍多次遭遇戰。不過，大勢已去，明軍戰敗連連，主力損失殆盡。最後，無奈之中義軍將領李孜（李自成弟）、田見秀、張耐、吳汝義等帶著殘部五千餘人，前往彝陵投降勒克德渾。於是清軍獲得牛、馬等牲畜一萬二餘頭，掠奪人口和其他戰利品不計其數。到此，轟轟烈烈的大順軍就被勒克德渾給剿滅了。

由於勒克德渾迅速處理了清軍在湖廣戰場上的危機，為清朝平定天下立下汗馬功勞，多爾袞下令讓他班師回江寧，並賜以黃金百兩、白銀兩千兩。

順治五年（一六四八）九月，勒克德渾因戰功晉封為順承郡王。

這時，西南的南明永曆政權由於獲得了張獻忠部將李定國等人的支持，成為當時勢力最大的反清力量。在李定國與南明名將何騰蛟的指揮下，南明軍隊從廣西揮師北上，迅速攻下了湖南大部，而在漢水流域的大順軍的殘部也伺機而動，向清軍展開了攻勢，攻打湖廣的清軍。濟爾哈朗與勒克德渾督兵出征湖廣，剷除當地的抗清勢力。

順治六年（一六四九）初，勒克德渾率大軍長驅直入，直搗湘潭，南明軍隊與大順軍望風而逃，莫敢與之爭鋒，紛紛敗退回廣西境內，何騰蛟戰敗被擒。

勒克德渾平定湖廣後，又揮師南下，移師進入廣西，進攻廣西北部重鎮全州。這時，集結在廣西北部的南明軍隊向清軍發動了反攻，意圖阻擋清軍的進一步南下。但此時的清軍銳不可當，勒克德渾接連兩次擊敗了明軍的進攻，之後又智奪永安關，驅逐了地方武裝，攻占了道州。

順治七年（一六五〇），勒克德渾班師還朝，再次受嘉獎，獲賞黃金五十兩、白銀五千兩。

順治八年（一六五一），勒克德渾奉命掌管刑部事務。勒克德渾戰功赫赫，但是由於順治與多爾袞的矛盾尖銳，勒克德渾作為公認的睿親王黨在這以後的政治地位和待遇沒有很大提高，正是成也蕭何敗也蕭何。順治九年（一六五二），勒克德渾去世。和他的父親薩哈璘一樣英年早逝，勒克德渾沒能有更好的發展，是代善一門的不幸，愛新覺羅家族也喪失了難得的人才，康熙追諡為「恭惠」。

05

多鐸北定蒙古蘇尼特部

順治三年（一六四六），蒙古蘇尼特部騰機思（又名騰吉思）等叛清，率部北投喀爾喀部，土謝圖汗、車臣汗合兵三萬迎之，並掠奪蒙古巴林部。順治帝命豫親王多鐸為揚威大將軍前去征討，六月，清軍師至噶爾察克山，偵察到騰機思等屯於袞噶嚕台。多鐸率蒙古郡王滿珠習禮、副都統明安達禮追擊至歐克特山。騰機思迎戰，清軍大破之，斬殺其台吉毛害，迫其餘部渡過土拉河（今蒙古烏蘭巴托以西）。清軍再次追擊，繳獲其人丁、輜重、牲畜十餘萬。八月，清軍渡過土拉河，擊敗其盟軍土謝圖汗部兵二萬，再敗碩雷汗兵三萬，皆斬獲無數，遂班師回京。

多爾袞親自出邊迎接，禮節格外隆重。

順治四年（一六四七）七月，多爾袞以多鐸功勳卓著，晉封其為輔政叔德豫親王，協助多爾袞處理國政。

順治六年（一六四九）三月八日，多鐸因天花病死。順治九年（一六五二），因受其兄多爾袞罪牽連追降為郡王。康熙十年（一六七一）追諡曰「通」。乾隆四十三年（一七七八）正月，追復豫親王，配享太廟，入祀盛京賢王祠，命以豫親王爵世襲罔替，為清初八個鐵帽子王之一。

06

碩塞大同平叛，討伐姜瓖

碩塞，清太宗皇太極第五子。順治元年（一六四四），封多羅承澤郡，驍勇善戰，曾跟隨多鐸率軍西征，當時李自成據潼關，碩塞隨多鐸進攻陝州，擊敗李自成部將張有增、劉方亮，李自成親自迎戰，亦被其擊破。隨後，碩塞向南進兵，擊破明福王朱由崧，由於戰功卓著，被賜團龍紗衣一襲，金二千，銀二萬。後又跟從多鐸征喀爾喀，隨阿濟格守大同。順治五年（一六四八），碩塞統領軍隊剿滅了天津土寇，隨後又與濟爾哈朗駐防大同。爾後，姜瓖叛清，困蒙古兵於代州，碩塞奉命領軍前往救援。他派軍攻城，遂解代州之圍。

順治六年（一六四九），碩塞再次奉命率軍討伐姜瓖。他衝鋒陷陣，英勇殺敵，大敗姜瓖於得勝路。順治皇帝為表彰碩塞功績，晉封他為承澤親王。諭曰：「博洛、尼堪、碩塞皆不當在貴寵之列。茲乙太祖孫故，加賜王爵。其班次、俸祿不得與和碩親王等。」這場能夠寫進碩塞功勞簿第一條的平定姜瓖之亂有著怎樣的驚心動魄足以讓碩塞掙下一個鐵帽子王呢？

❖ 開篇大幕

山西省的反清復明運動是以大同總兵姜瓖叛變揭開序幕的。姜瓖，陝西延川人，初仕明朝，拜鎮朔將軍、大同總兵官。順治元年（一六四四）三月大順軍攻克太原後，他主動派人聯絡，歸降大順政權。同年五月，李自成敗出北京，姜瓖生變。他再次發動叛亂，殺害大順軍守將張天琳，向英親王阿濟格投降歸順。由於他在起兵叛亂奪得大同的時候並不了解清廷有入主中原的意圖，因而擁立了一個名叫朱鼎的明朝宗室「以續先帝之祀」，被清廷斥為「大不合理」。七月十五日，姜瓖不得不上疏請「不學無術之罪」，並且要求「解臣兵柄，另選賢能」，讓自己「休息田間，從此有生之日皆歌詠太平之年矣」。攝政王多爾袞恩威並施，一面讓他繼續當大同總兵，一面警告他「洗心易慮」，「倘仍前不悛，越分干預，國有定法，毋自取戾」。

同年十月，姜瓖奉命抽調大同地區的精銳部隊跟隨英親王阿濟格西征，在鎮壓大順軍高一功等部時甚是賣力。沒想到第二年七月他被宣入京，由大學士剛林秉承攝政王多爾袞的旨意進行質詢，指責他於順治元年六月初八日上表歸順清廷，卻用明朝崇禎年號發給文武官員箚符，又擁戴明朝宗室為王，這顯然不是什麼小罪。姜瓖心裡叫屈，那是因為清兵入關之初人心未定，不得不採取一些權宜之計，「原不敢有二心」。剛林又無中生有地斥責他「去年冬英王西征路出大同，你心生疑慮」，最後才宣布：「今大清恩寬，王上令旨許功罪相抵，往事並不追究。著你仍鎮大同，洗心滌慮，竭力盡心，以報國家大恩。」姜瓖把大同拱手獻給了清朝，不費清朝一兵一卒，接著又在鎮壓大順起義軍中格外賣力，現在不但功高無賞，反而備受猜忌打壓，這叫他如何不怨。這以後的三年裡，清廷對陝南、四川用兵，曾多次徵用山西的人力、物力，進一步加劇了官民矛盾和滿漢衝突。

順治四年（一六四七）三月，清廷下令「在京官員三品以上，在外官員總督、巡撫、總兵」各「送親子一人入朝侍衛，以習滿洲禮儀，察試才能，授以任使」。看似恩遇，實則為人質。姜瓖接到兵部傳旨不敢怠慢，把長子姜之升送往北京。

順治五年（一六四八）十一月，蒙古喀爾喀部二楚虎爾作亂侵犯。攝政王多爾袞召集諸王、大臣會議，決定派阿濟格、博洛、碩塞等大將率領八旗軍駐防大同，名義上是備禦漠北喀爾喀蒙古部族的侵擾，實則準備對懷有二心的姜瓖動手。姜瓖也早對清朝統治者尊滿抑漢的政策心懷不滿，而促使姜瓖叛清反正，與當時驟然而起的「反正」潮是密不可分的。當時，清江西提督金聲桓等四、五十員將領於南昌舉兵反正抗清，歸附南明永曆朝廷；清都督同知陳友龍在靖州起兵反清，相繼收復湘西、湘南三十多城；清廣東提督李成棟舉廣東反正，得到廣東十府七十餘州縣群起回應；清甘州總兵丁國棟與副將米喇印兩位回族將領於蘭州起兵反清，得到嘉峪關內外回民的雲集回應，關中大震。這股強勁的反正風將姜瓖的心也給吹動了。於是，姜瓖主動派人祕密進入北京，同聯結山東義軍反清的原明降將劉澤清溝通，表示願意一同起事反清。清軍平定山東叛亂後，得知劉澤清串聯義軍之事，遂捕殺之。劉澤清起義之事敗露，姜瓖得知遽然心生慌亂。姜瓖判斷八旗精銳雲集大同於己不利。大同地區的清朝官員又急如星火地奉命徵集糧草，百姓怨聲載道。於是，姜瓖便乘耿焞等人出城驗糧草的機會，突然關閉城門，下令「易冠服」，自稱大將軍，舉起了反清的大旗。耿焞逃往陽和，家屬被姜瓖處死。阿濟格聞訊，連夜進兵，很快到達大同城下。姜瓖反清以後，「飛檄安官，朔（州）、渾（源）一帶俱受偽劄」。阿濟格在報告中說：「叛者不止大同，其附近十一城皆叛。」大同舉義後，山西各地的漢族官紳紛紛響應。晉西北一帶，原來在明朝時期荒廢的邊關，姜瓖重新利用起來，還提拔了一些將領，委以重任，加強山西周邊的戒備。

晉西南蒲州到黃河西岸屬陝西的韓城一帶有虞胤、韓昭宣、李企晟等聞風回應，他們「私立偽韓王，行偽永曆事」。清陝西三邊總督孟喬芳向朝廷奏報：姜瓖一夥人設立偽機構，「造反」人數達二十八萬人之多。

在很短的時間裡，山西除了省會太原和少數城池外，差不多都被起義軍占領，而山西的反清復明運動又迅速波及陝西等西北地方。

從地理位置來看，山西緊挨京畿，形勢的風雲突變對剛剛入關的清朝統治中心威脅極大。不過，山西距離南明朝廷控制的地區遙遠，其間又被清統治區隔斷，雙方的聯絡自然不順。許多南明史料對於以姜瓖為代表的晉、陝等地的反清復明運動幾乎隻字不提，或者只是在講時代背景時一帶而過，也是因為這個緣由。

姜瓖起事以後，清朝統治者最初企圖採取招撫政策加以解決。多爾袞當時已經為皇父攝政王，想以最高統治者的身分勸說姜瓖回心轉意，在軍事圍剿的同時又對姜瓖進行勸降。他派使者向姜瓖解釋阿濟格等領兵前往大同是為解決北方蒙古問題，並不針對山西，故意把姜瓖起兵反清說成只是誤解了朝廷的意圖，給彼此和解的機會，接著宣布，若姜瓖能悔罪歸誠，仍將「照舊恩養」。然而，姜瓖反清的導火線固然同阿濟格、碩塞等人重兵「協防」有關，根本原因在於滿漢民族矛盾。起兵反正之前既已遭到朝廷猜忌，反清之後再圖歸順好比覆水難收，前途不堪設想，因此他對多爾袞的招降置之不理。多爾袞見解釋無效，決定武力解決。他派尼堪等先統兵入山西，多爾袞則親自帶領軍隊往征大同。在攻克渾源州、招降應州和山陰縣後，多爾袞突然接到北京傳來消息，自己的同母胞弟多鐸染上天花，病入膏肓。多爾袞無暇戰事，火速趕回北京，在趕回北京的途中，他來到大同城下，希望憑藉自己的最高權威勸說姜瓖投降。他在諭旨中說：「如果別人來招降你，你可以不給面子，但是今天我屈尊來勸降你，你可要歸順呀，如果歸順了，不計前嫌，以往的罪責一律赦免，如果不歸順，恐怕你就沒有後路了，想你這樣反覆無常之人，天下還有誰會相信你呢？」姜瓖在回信中先列舉了自己為清廷立有大功，並且「未有毫髮之罪」，然而不僅未有封賞，還牽連跟隨他降清的百姓流離失所，遭到滿洲貴族的欺壓，婦孺皆慘遭屠戮。接著，他針對多爾袞的諭旨表示，全城之人，上下一心，絕不束手就擒。自進入山海關以來，執掌清朝最高權力的攝政王多爾袞沒有親自統兵出征過。究其原因：一是進入北京之後，庶務叢集，難以分身；二是滿洲貴族內部權力之爭一直沒斷過；三是他的健康狀況不佳。這次親征大同實在是迫不得已，山西全省一旦失陷，必然引起連鎖反應，且不說南方大片地方尚未平定，在姜瓖反清後不僅山西各地紛紛響應，陝西、甘肅等地反清運動勢若潮湧，連畿輔和山東竟然也有反清的舉動。愛新覺羅家族遇到了入關以來最大的挑戰。

順治六年（一六四九）四五月間，山西的局勢已經十分嚴峻。阿濟格等率領的軍隊圍困著大同，並且挫敗了來自長城外的助馬路（今山西大同新榮區郭家窯鄉助馬堡）、得勝路（今山西大同新榮區堡子灣鄉得勝堡）來援和姜瓖派出接應的軍隊，切斷了大同和其他山西抗清力量的聯繫，但是局勢並沒有得到明顯的好轉，儘管清軍調來了紅衣大炮，大同的防守依然堅固得很。阿濟格、碩塞等部屯兵於堅城之下，毫無進展。山西其他地區的反清運動卻好比星火燎原，迅速席捲全省各地。

清政府能夠控制的唯有省會太原、晉南平陽（今山西臨汾）幾座孤城，其他府、州、縣差不多全被反清復明武裝占領。山西巡按蔡應桂揭帖中說：「先是，石樓、永和、交城相繼告陷。……乃各州縣報賊者日常數四，此煽彼惑，已遍滿三晉矣。」四月初一日「又接撫臣祝世昌會揭，逆賊劉遷聚眾謀攻代州；又云寧武賊眾攻圍忻州等情」。陝西起義軍也利用木筏、牛皮渾脫等器物渡河入晉，「該職看得，三晉自三邊以至省城、汾（州）、平（陽）一帶，遍地皆賊，偽牌偽示，絡繹不絕。民如鳥獸散，勢若土崩瓦解，無論郡邑之城池不能保守，而省城之重地患切垂危」。就在這個月裡，義軍占領汾州府城，清山西巡撫祝世昌報告：「四月十三日，賊眾至汾州府，……賊眾兵寡，退而守城，則城關大開，合城喊起，鄭名標率軍民割辮。」清分守冀南道許養高領著永寧知州，平遙、介休二縣知縣，以及汾州營參將等人倉皇逃往平陽。《五台縣誌》記：「順治五年冬，姜瓖踞大同，送偽劄於台人，率眾攻城。時有劉永忠等至忻州，擁眾至台，不啻十餘萬。」

晉東南的長治地區也全部易幟，反清義軍在占領晉西北、晉南大片地區後，會同晉中、晉東南的反清力量迅速接管各地政權：四月二十六日，起義軍占領祁縣，二十八日接管武鄉，同日「沁州偽官請本州鄉紳士庶皆服明季衣冠，同詣關聖廟共議戰守。每垜口守夫三名，十垜口生員一名。又稱賊頭賞軍，每丁五錢，用銀五萬，未曾賞遍（可見參與沁州起義的當在十萬人以上）。其中賊丁搶掠者梟首一十三名，當時嚴肅。凡有投營，即賜偽職」；二十九日，占領榆社縣；五月初一日，進入清源縣，清太原駐防滿軍曾一度來援，見兵勢浩大，被迫帶著知縣攜印退回省城；初二日，義軍占領徐溝；初五日，「西路賊大營由清源縣擁眾北來，至太原縣境晉祠，離省城四十餘里；又據報東路賊由徐溝犯省」。當時，清政府駐守太原的兵力相當有限。一旦太原失守，不僅政治影響極大，清廷在山西設置的政權還將幾乎全部瓦解。何況，山西的抗清運動很快波及鄰省，如山西起義軍魏世駿等派出一支軍隊進入河南，接管武安、林縣、涉縣，甚至任命知縣、守備等文武官員。

❖圍剿大同

多爾袞知戰懂兵，他深諳局勢的險惡，所以沒有撤出包圍大同的兵力來鎮壓遍及山西各地的反清烽火，以免放虎出山，使姜瓖同其他各部連成一片，只好從京師抽調一切可用的滿、蒙、漢軍精銳投入山西戰場。除了阿濟格、尼堪領軍圍困大同外，被調往山西馳援作戰的有博洛、碩塞、滿達海、瓦克達等。此外，陝西方面還有平西王吳三桂、固山額真李國翰、陝西三邊總督孟喬芳等人領軍配合作戰。多爾袞決心孤注一擲，所以才將精兵猛將幾乎全部派往山西。入關以來的領軍統帥豫親王多鐸已病死，豪格也已經罪廢幽禁，濟爾哈朗則在姜瓖反清以前同勒克德渾統兵往征湖南。其他能帶兵的親王、郡王幾乎全部帶領八旗子弟雲集山西。值得注意的是，阿濟格、博洛、碩塞等大將在山西戰場上都是直接上前線的指揮官。留守北京的卻是剛從江西凱旋的譚泰、何洛會兩名固山額真。順治六年八月，多爾袞感到京師地區兵力過於單薄，下令博洛「酌撤閒駐兵還京」。博洛報告：太原、平陽、汾州三府屬州縣雖然收復了，但是沒有收復的還很多，如果這時候退兵，恐怕敵軍乘虛而入，所以還應該留守。多爾袞無奈勉強同意。

❖大同之屠

順治六年六月，清軍雖然攻克了山西部分州縣，形勢有所好轉，但多爾衮擔心在山西被牽制的兵力太多，曠日持久必將影響全國戰局，於是他決定再次親征大同。多爾衮第二次親征歷時一個多月，差不多把全部精銳兵力投入山西戰場，當地的反清勢力終於招架不住了。大同城內彈盡糧絕，軍民死傷慘重。在外援無望的情況下，姜瓖部下的總兵楊振威臨陣倒戈，暗中派人出城向圍城清軍接洽投降。隨後，楊振威帶領六百餘名官兵叛變，殺害姜瓖與其兄姜琳、弟姜有光，持其三人首級出城投降。次日，清軍入城。除隨楊振威投降的二十三員官兵的家屬外，大同城內的「官吏兵民盡行誅之」。由於圍攻八月之久始終攻不下這座堅城，多爾衮傳諭把城牆高度拆除五尺，藉以洩憤。

在這前後，滿達海軍攻克朔州、馬邑等處，明寧武總兵劉偉等投降。博洛軍攻克孝義、平遙、遼州、榆社等地。陝西總督孟喬芳和戶部侍郎額色帶領滿漢兵渡過黃河攻克蒲州、臨晉、河津、解州、猗氏等處，義軍首領白璋在榮河陣亡。九月二十二日，陝西清軍攻克運城，南明義軍元帥韓昭宣陣亡，戰死官兵一萬餘人，「屍滿街衢」；

另一位首領虞胤乘亂逃出。同月，博洛、滿達海二親王會兵合攻汾州。十三日夜間，清軍用紅衣大炮猛轟北關，第二天從城牆坍塌處衝入城內，義軍所設巡撫姜建勳、布政使劉炳然突圍出城後被清軍擒殺。由於清軍攻破汾州後把城中百姓屠戮一空，嵐縣、永寧州（今離石）紳士唯恐同歸於盡，把義軍委派的知縣、知州綁赴軍前，開城投降。十月初四日，滿達海的軍隊用紅衣大炮攻破太谷；初十日占領沁州，接著又攻克潞安（今長治）。十一月，博洛率領鎮國公韓岱、固山額真石廷柱、左夢庚等部在澤州（今山西晉城）擊敗反清義師，義軍部院陳杜、監軍道何守忠、守將張斗光等被擒殺。這時，山西大勢已定，多爾袞才決定命令諸王統軍回京，只留下瓦克達繼續清剿山西各地的義軍。十二月，陝西清軍吳三桂、李國翰部擊敗榆林義軍，殺劉登樓、任一貴、謝汝德等首領人物。吳三桂平定該地後，分兵渡河進攻山西偏關，義軍總兵賀國柱見大勢已去，為清軍充當內應，義軍總督萬鏈自焚而死。

順治八年（一六五一），碩塞因軍功卓著，被順治帝晉封為和碩承澤親王，掌管兵部及宗人府。順治十一年（一六五四），碩塞因病去世，其子博果鐸承襲王位。

第四章

永遠的王冠

順治後期，宗室封爵制度越來越完善，後經康熙、雍正兩代七十餘年的修訂，終於在乾隆時期最後確定了宗室爵位，世襲罔替正式出現，鐵帽子王最終形成。開國八大親王在清朝初期建立功勳，他們的後裔在維護家國方面也做出了突出貢獻，康親王傑書和簡親王雅布英勇作戰，擊退敵軍，收復大清多地，立下了顯赫戰功。怡親王胤祥封王理政，成為雍正年間的股肱之臣。乾隆帝為多爾袞平反昭雪，標誌著世襲罔替的正式確立，「八大鐵帽子王」的俗稱最終得以形成。

清朝的封爵制度明顯改善了明朝在制度方面遺留下來的種種棘手問題；為了避免類似的麻煩出現，防止皇家宗族支流的不斷繁衍所帶來的麻煩和不足，清朝明顯改善了封爵制度。清代的親王被稱為「出將入相」，也就是說他們不但可以做軍機大臣，還可以做議政王、攝政王。

清王朝為了避免重蹈明王朝的覆轍，加大了對親王的嚴格控制。這是清王朝吸取教訓所做出的明智之舉，規定除了少數爵位可以世襲罔替外，其餘爵位在世襲時均往下降一等，直至規定封爵或成為閒散宗室為止。一是害怕這些人搞政變奪取政權；二是怕他們占地為王，天高皇帝遠，難以管控。清朝有效地吸取了明朝的經驗，並對其進行改進。因此，與明朝相比，清朝諸王有一個非常重要的特點，即領導軍隊外出征戰。清朝諸王對外統一軍隊，對內則涉足政治。在清軍入關後，親王在清朝作為大將軍、議政王和攝政王，象徵著清朝宗室職能的施展。此外，在清代，除了部分有特殊功勳或者皇帝格外冊封的親王爵位可以世襲罔替外，其他爵位均按世系依次降等，以至降為不入等級的「閒散宗室」，與老百姓無異。

可喜的是，清代宗族的繁衍速度和數量低於明代，所以在冊封爵位時並沒有出現大問題。並且特殊宗爵數量一直受到皇權的限制，擁有親王、郡王銜的宗族較少。據可考史料統計，清初開國只有八名世襲親王，即睿親王多爾袞、禮親王代善、鄭親王濟爾哈朗、豫親王多鐸、肅親王豪格、莊親王碩塞、順承郡王勒克德渾、克勤郡王岳託，也就是所謂的「鐵帽子王」。後又增加了因為政績和軍功為大清江山鞏固做出突出貢獻的四位親王：恭親王，怡親王、醇親王、慶親王。同時，由於清代宮廷制度，只有「世襲罔替」的親王和郡王才能獲得「永遠的王冠」，他們也因此被稱為「鐵帽子王」。宗族不對皇權構成威脅，皇權得以鞏固。

01 傑書平定耿精忠叛亂，擊敗鄭經

他是千古一帝康熙的堂兄，也是清太祖愛新覺羅·努爾哈赤的次子代善的孫子，更是大清的奉命大將軍，他就是愛新覺羅·傑書。很多人對他並不熟悉，但這並不影響他在清朝的地位，在他的一生中，曾平定過耿精忠叛亂、擊敗過鄭經、為大清收復沿海多地，讓鄭經率領剩下的隊伍落荒而逃，後又屯守歸化城以防備蒙古噶爾丹的入侵，立下了顯赫戰功。康熙帝曾評價他道：「俾帥（率）師由浙取閩，王仰承廟算，剿撫寇賊。岩疆既奠，振旅還朝。圭組雍容，恪勤罔替。朕彌嘉乃勞績，王益持以小心。」[1]由此可見傑書對大清的忠心和卓越的軍事才能。

1 （清）鄂爾泰等修，李洵、趙德貴主點校：《八旗通志》卷一二九，《宗室王公列傳一》，長春，東北師範大學出版社一九八五年版，第三五四五頁。

❖奉命大將軍

在清朝，大將軍的名稱不勝枚舉，前綴詞例如寧南靖寇、平北、征南、定遠平寇、揚威、撫遠、奮武等十幾種。但是地位最為尊崇者當屬奉命大將軍，在清朝兩百餘年的歷史中，僅有四位皇室成員被晉封為此稱號，分別是多爾袞、阿巴泰、傑書及綿愉。而在他們之中，當屬傑書最為傑出優異、在職時間最長，康熙駐軍討伐耿精忠時，他被任命為大將軍，到康熙十九年十月作戰結束，一共有六年之久。

眾人皆知，大將軍手握兵權，權傾朝野，有時甚至可以威懾王公大臣乃至皇帝，所以在一般情況下不會冊封大將軍這一職位。在清代同樣如此，我們在電視劇《甄嬛傳》中看到年羹堯也曾受封大將軍，後因為功高蓋主，被雍正帝疑心，最終死於非命。這就是清朝為什麼不輕易冊封大將軍的原因。只有在遇到重大戰事時才會進行臨時任命，從近支親貴中選任，統領大軍，專職征討，權力極大，是前線領兵作戰的最高統帥。

雖然傑書是康熙王朝第二個被冊封的大將軍，卻是唯一一個被冠名為奉命大將軍的親王，由此可見康熙帝對他的信任和依賴。其實，在康熙王朝，著名的大將軍還有非常多，如定遠平寇大將軍岳樂、撫遠大將軍圖海、撫遠大將軍費揚古等。但是，在這些大將軍中，比較他們的掛帥時間和戰後待遇，傑書的在職時間更長，待遇更為優厚，足見他最得康熙帝的信任和重用。

傑書出生在順治二年（一六四五），四歲時便承襲爵位，成為郡王。順治八年（一六五一年），順治成年親政後，又將傑書封為康郡王。作為惠順親王祜塞的第三子，傑書本與親王的爵位無緣，應該降爵為郡王。而順治十六年（一六五九）的一件大事徹底改變了傑書的命運，並把他推向了政治舞臺的中心。父親祜塞的兄長滿達海因政治鬥爭被削去謚號，降為貝勒。然而，順治帝又不能因此中斷代善家禮親王的世襲，只能從其孫子輩中挑選一人繼承，傑書正是那個幸運兒。雖然此時的他既沒有像其他親王一樣為大清立下赫赫戰功，也沒有卓越的政績，只是因為家中同輩中無人承襲，皇帝才將親王的爵位冊封給了他。可以說，他的爵位是眾親王中來得最為幸運的。

順治年間，雖然傑書的地位非常高，但是傑書並沒有被順治帝委以重任。一則是因為當時的傑書過於年輕，不能服眾；二來是因為順治帝對他的能力有所懷疑，所以決定暫時冷落他。所以，在三藩叛亂以前，傑書基本上就是賦閒在家，同普通的八旗子弟一樣過著低調安逸的生活。但是，這並不表示他是一個平庸無能的紈絝子弟，他在統兵作戰上頗有見地，他只是缺少一個展現自己實力的機會。

❖征討耿精忠，擊敗鄭經

康熙十二年（一六七三），爆發了三藩之亂。康熙十三年（一六七四）六月，傑書被康熙帝命為大將軍，他終於被委以重任，迎來了人生的新機遇。作為此次大軍的統領，在中原南部，耿精忠部隊的反叛被傑書部隊鎮壓。同行前往征剿的還有其他宗室子弟兵，他們均以傑書為尊。

當傑書一行抵達金華時，耿精忠的叛軍已經占領浙江南部的溫州、處州等地。此後不久，耿精忠的軍隊集中力量猛攻金華。面對這支部隊強勁的攻擊，傑書絲毫沒有怯懦，冷靜地指揮，馬上命令巴雅爾、馬哈達帶兵進攻。傑書的指揮得當，加上其底下將士的英勇無畏，重挫叛軍，只此一戰就殲敵兩萬。金華防禦戰成功後，傑書絲毫沒有鬆懈，立馬迅速出兵反擊，在積道山和敵人展開血戰並一舉取勝，收復永康、縉雲兩個地區。而耿精忠這邊屍骨遍野，死傷無數，情況非常不容樂觀。傑書乘勝追擊，又在上虞擊敗了懋功，在義烏和武義等地打敗了馮公輔。

康熙十四年（一六七五），副都統馬哈達、總兵官李榮被傑書派往桃花嶺，打敗敵軍，處州等地被收復。同時，副都統穆和林等被派往外地征戰，仙居城等地也成功收復。

康熙十五年，傑書進軍浙江，直搗福建。在傑書帶領下的大軍，攻勢迅猛，兵力疲憊的耿精忠部彈盡糧絕，失去兵心，根本無法應對。這時，傑書看出了問題的根源，馬上派遣人到耿精忠軍營，告訴他只要他願意服從傑書，那麼可以保留他的性命。這時的耿精忠已經意識到自己的勢力已經大不如從前，於是讓自己的兒子跟傑書談判，說自己願意投降。幾日之後，耿精忠到傑書軍營談判，表示自己願意棄城投降。十月，傑書進入福州，平定耿精忠叛亂。就這樣，在傑書的指揮下，清軍迅速獲得勝利。

耿精忠最終臣服於清朝，這意味著平西王吳三桂的勢力被削弱，給了叛軍以沉重一擊，讓反叛的軍隊見識到清軍的威力，吳三桂很多力量逐漸散去不見了蹤影，也有很多叛軍自願臣服於清朝，內部大亂。吳三桂沒有了兵力，備受壓力，打敗仗是遲早之事。後來，吳三桂在戰亂中病死，三藩之亂自此平息。

三藩之亂平息之後，傑書率兵前往鎮壓鄭經的叛軍。鄭經的父親是鄭成功。鄭經作為鄭成功的長子是明鄭時期臺灣的統治者。在三藩之亂後，迅速壯大的鄭氏力量抓住機會，襲擊了清王朝。耿精忠被傑書打敗，他之前控制的漳州、泉州被鄭經部隊占據。面對這樣的局面，傑書不敢拖延，火速領兵鎮壓。

康熙十六年（一六七七）一月，鄭軍在白茅山、太平山等地被拉哈達、賴塔等人打敗，興化府被收復。這一年二月，福建大部分已經平復下來，泉州、漳州二府被收復。四月，傑書又一次以先前對耿精忠開出的條件，寫信給廈門的鄭經，想要協商招撫。鄭經沒有接受勸降，傑書準備起軍征討，並推薦漢軍旗人姚啟聖擔任福建總督。

康熙十九年（一六八〇），鄭軍失利，廈門、金門、銅山被收復。鄭經率殘部逃往臺灣，傑書率領軍隊收復了大片失地。

傑書對於戰事的敏感和卓越的指揮能力使他在戰場上如魚得水，給康熙皇帝和許多大臣留下了深刻的印象。傑書凱旋，康熙皇帝親自率領大軍和許多大臣專程出城到盧溝橋迎接，並且還賞賜了他不少東西。

傑書一生最大的功勞有兩個。一是在平定三藩之亂期間，他率領軍隊鎮壓了叛亂，迫使耿精忠投降。二是對鄭經的追擊，將鄭家的反清力量驅逐到臺灣，極大地減少了鄭經勢力對清王朝的威脅。

❖舉薦漢人姚啟聖和于成龍

滿洲勳貴出身的大將軍王傑書，雖然並沒有積極支持改革派，忽略了八旗軍隊的利益，但他為大清考慮，善用人才，拉攏了不少滿腹學識的將士文人，並且為康熙舉薦了兩位名垂青史的漢人。

第一位是福建總督姚啟聖，他是使得臺灣歸復大清的關鍵人物，是清朝康熙年間的政治家，更是一名出色的軍事家。三藩之亂後，他捐贈錢財養軍隊，獻出種種計策，投誠於康親王傑書，被任命為諸暨知縣，幫助康親王收復江蘇、浙江等地，直逼福建，其間表現出非凡的勇氣和判斷力，在協助傑書鎮壓耿精忠的戰鬥中立下赫赫戰功。康熙十四年（一六七五），在康親王的大力舉薦下，康熙皇帝知曉了姚啟聖的種種功績，姚啟聖被破格提拔為浙江溫處道僉事。在康熙十九年（一六八〇），姚啟聖率兵征服了海澄，恢復了清朝對金門、廈門的統治，將鄭經逼退到澎湖，康熙授予他少保兼太子太保、右都御史，保護皇帝的權力。康熙二十一年（一六八二）起，姚啟聖幫助提督施琅收復臺灣，駐守福州。姚啟聖被重用並在統一戰爭中發揮重要作用，這都離不開傑書的大力推薦。

另外一位是清初名臣、循吏于成龍，被康熙譽為「天下廉臣第一」的大臣。與姚啟聖一樣，于成龍也是在福建藩臺任上受到傑書的青睞。于成龍剛正不阿、秉公執法給傑書留下了深刻印象，經歷了重審通海案和申訴罷荎夫[2]兩件事後，傑書回京向康熙皇帝建議升于成龍任直隸巡撫。第二年，康熙與于成龍召對，對他非常滿意，稱讚他為「清官第一」，賜予他帑金、御馬，給他寫詩以示青睞，並提升他為兩江巡撫（江南江西巡撫）。此後，于成龍的仕途一帆風順。于成龍也不負眾望，治績卓異，使得江南民風大變。康熙二十三年（一六八四）四月十八日，于成龍走到了生命的最後時刻，享年六十八歲，最終職位為兩江總督，他去世時，木箱裡只有一套官服。市民輟市，在巷子裡為他哭泣，為祭奠他塑造雕像，康熙破例親自為他撰

2 鋤草的人。

寫了碑文，賜謚號「清端」，並贈予太子太保，是對他的誠實和艱苦生活的最高肯定。雍正時他進了賢良祠。

❖康熙悼念，親撰碑文

每一任皇帝和他們的親信大臣都保持著微妙的關係，臣子只有對皇帝俯首貼耳、言聽計從才能贏得皇帝的青睞而仕途順遂；而不斷挑戰皇帝的權威和督促，會被皇帝疏遠和猜忌。傑書是第一類大臣，同樣作為太祖後裔，康熙對待位高權重的岳樂卻遠遠不如對待堂兄傑書的態度好。正是由於權力的爭奪，才有了這種顯而易見的反差。傑書聽從康熙皇帝的安排，受到了皇帝的獎賞；而岳樂自有一套作為，他便受到康熙的懷疑。傑書擁有極高的情商，這給他卓越的功績增添了不少助力，他的作為無愧於世襲罔替的鐵帽子王的讚許。

不過，讓人惋惜的是，康熙三十六年（一六九七），傑書因為在戰場上勞辛艱苦多年，積勞成疾，舊病復發，因病去世。康熙聽到傑書去世的消息，頓時感到黑雲壓頂。康熙帝痛失良才，感慨至深，於是親自為他撰寫碑文，並給他加封謚號「良」。乾隆四十三年（一七七八），傑書的曾孫永恩繼承康親王的爵位，被重新恢復為禮親王。此後，大清再無康親王，只有禮親王了。

02 簡親王西征噶爾丹

簡親王濟度的第五個兒子雅布，係鄭親王濟爾哈朗之孫，雅布是庶福晉的庶子。按照古代以「嫡長子」繼位為主的思想，雅布是與親王爵位無緣的。但是命運似乎有點偏愛這個年輕人，一場政治事件把他推上了清朝的政治舞臺，並逐漸受到康熙皇帝的重用，在戰場上熠熠生輝。儘管史料對他的記載並不如其他親王那麼詳細，但是在寥寥幾筆的描述中也足以讓我們知道，雅布在西征噶爾丹時立下的功勳。

康熙十一年（一六七二）正月，雅布被封為三等輔國將軍，這樣的爵位約等於二品武官，對於不是嫡長子的雅布來說，職位不低了。本以為會在三等輔國將軍的職位上老死，沒想到在康熙二十二年（一六八三）三月，康熙帝頒布聖旨，和碩簡親王喇布以軍機削爵，命以其弟雅布襲封和碩簡親王。從此，雅布開啟了自己的政治仕途，在參政議政方面披荊斬棘，在四處征伐中初露鋒芒，逐漸成為戰場上一顆閃亮新星，特別是在平定準噶爾的戰役中，雅布立下汗馬功勞。

康熙二十六（一六八七），噶爾丹指責土謝圖汗察琿多爾濟殺了他的弟弟，於是宣兵進行報仇，分南北兩路征討喀爾喀蒙古，並揚言他借調的俄國兵力也將要到達。康熙二十九年（一六九〇）五月，噶爾丹在沙俄殖民者的支持和慫恿下，集兵三萬渡烏笱河與俄軍會攻喀爾喀。康熙帝一面警告沙俄不要干涉中國內政，一面令理藩院尚書阿喇尼備邊，徵調科爾沁、喀喇沁等部兵至阿喇尼軍前，聽候調遣。同年六月，噶爾丹進入烏爾會河以東地區。尚書阿喇尼領軍阻截並未成功，康熙帝非常信任雅布，「命安親王岳樂、簡親王雅布各率包衣兵五百名，赴蘇尼特汛界駐防」。這是清朝政權的前哨，如此重要的前鋒位置只有對自己最為信任的重臣才可能給予這樣安排。當然，雅布也不負眾望，在康熙帝的重托之下以一敵百，殺伐疆場。

七月初二，康熙帝命裕親王福全為撫遠大將軍，皇子胤禔副之，出古北口；恭親王常寧為安北大將軍，簡親王雅布、信郡王鄂笱副之，出喜峰口；內大臣佟國綱、佟國維、索額圖、明珠、阿密達，都統蘇努、喇克達、彭春、阿席坦、諾邁，護軍統領苗齊納、楊岱，前鋒統領班達爾沙、邁圖俱參贊軍務。

康熙二十九年（一六九〇）七月，康熙帝首次親自征戰噶爾丹，兩軍在烏蘭布通峰正面交鋒，清朝政府共派出五萬兵力前去作戰，兵分兩路，左路軍由碩親王福全、皇長子胤禔率兵，共三萬兵力；簡親王雅布、信郡王鄂劄率二萬兵力組成右路軍。雅布被康熙帝任命為右路軍的副帥，是軍中的得力主將。康熙帝非常重視此次征戰，在戰前做了有力動員，為了確保戰爭萬無一失，康熙帝命令東北方向的盛京（今遼寧瀋陽）部隊和科爾沁（蒙古）部隊出二萬兵力參與夾擊。最終由於路途和天氣等原因，兩路軍隊未能及時趕到，同時，左路軍副將胤禔聽信他人讒言，和福全的關係出現了嫌隙，以至於後來根本無法團結戰鬥。康熙皇帝本人在前往戰場之前已經感冒，在趕往戰鬥指揮中心的途中，病情更加嚴重。在各位重臣的竭力勸說之下，他無奈回京修養，在這樣的條件之下，雅布所率右路軍的作戰就顯得極為關鍵，牽涉戰場的全域。在這樣的情況下，戰役最終取得勝利，這充分展示了雅布的軍事指揮才能，並顯示出雅布的果敢和勇猛。

後來，康熙帝再次率兵親征噶爾丹，兩軍在昭莫多展開激烈的戰鬥，這是清朝平定噶爾丹最關鍵的一次戰役，也是康熙皇帝在位期間唯一一次親征，不容小覷。康熙皇帝下令將清軍分為三路進攻，雅布跟隨康熙共同指揮戰力最強的中路主力軍，出獨石口至克魯倫河，協同東西路軍夾擊作戰。清軍再次獲得勝利，雅布的指揮能力再次得到印證，康熙越來越賞識雅布。

雅布不僅在軍事上有建樹，在政治上的成就也是不容小覷的。康熙三十八年（一六九九）十二月，「著以簡親王雅布補授信郡王原缺」，雅布開始正式接管宗人府的工作，他除了負責皇帝九族的歷代族譜、玉牒的編訂，負責宗室子女「嫡庶、名字、封爵、生死時間、婚嫁、諡號、安葬」等事，還需要提出宗族的要求，為宗族向皇帝彙報，引進人才，記錄犯罪事實，任務非常繁重。

雅布於康熙四十年（一七〇一）去世，予諡曰「修」。他死後，康熙給他的待遇很高，「命內務府郎中佛葆監造棺槨、料理喪事」；「遣領侍衛內大臣公福善、散秩大臣阿席坦送還京師」；「遣皇長子禔、皇三子允祉出迎，賜銀四千兩建造墳塋」，從這些高標準的禮遇中，我們可以看出雅布非常受康熙的重視。

說到這裡，大家可能會疑惑，既然雅布是濟爾哈朗的後裔，按照「鐵帽子王」的世襲制度，雅布世襲的應該是鄭親王濟爾哈朗的爵位，應該還是鄭親王，怎麼變成簡親王了呢？

這就需要從濟爾哈朗說起了。濟爾哈朗雖然是努爾哈赤的侄子，但是他的地位卻和努爾哈赤的兒子沒有什麼差別，他自幼在努爾哈赤身邊受教，聆聽清太祖的教誨，長大後跟隨努爾哈赤四處征伐，立下了不朽之功。他的子孫世世代代繼承他的封號，僅受封和追封的親王就有二十多位，其中有九位是追封親王。為什麼會產生如此之多的追封親王？上一代親王因犯大錯而被奪去爵位或者是親王沒有子嗣，死後無人繼承，就由其旁系子孫繼承，繼承人就把始祖叫作親王，這樣的情況歷史上並不鮮見，但是鄭親王家族尤其多。同時要說明的是，被奪去爵位的情況遠多於親王死後無子孫繼承的情況。並且，皇帝每次重新選擇繼承爵位的旁系子嗣的時候，往往選擇的支脈的血緣關係都比較遠，這是有一定原因的。在康熙皇帝後期，也就是雅布之後，滿族統治者已經漸漸站穩了腳跟，各項政策均已順利施行，並且穩定了周邊的部落，康熙帝開始壓制一些憑藉戰功封王的親族，先後奪去了雅布兩個兒子的爵位，又選了最遠支的子嗣德沛來繼承爵位，此後的一段時間，大約有十代人，十七位親王的繼承風波不斷。所以，要弄清楚雅布的家族還需花點心思。

順治封濟度為「簡郡王」，到順治十四年（一六五七）五月濟度襲封濟爾哈朗親王爵時，又改為簡親王。此後，簡親王的爵位年復一年，一直傳到乾隆四十三年（一七七八），才改回鄭親王，直到清朝末期。

03

第九頂鐵帽子花落怡親王胤祥

怡親王胤祥作為電視劇中常出現的歷史人物，忠肝義膽、才貌雙全的形象為人所熟知。在大眾的印象中，康熙皇帝的第十三個兒子胤祥，飽讀詩書，擅長吟詩作畫，也精於騎馬和射箭，他曾經親手殺死老虎，大家都對他的勇氣佩服有加。除此之外，他還因好抱打不平的個性，被稱為「拼命十三郎」。

而歷史上的他，前半生風雲變幻、失寵遭禁，直至雍正繼位後才封王理政，叱吒一時。胤祥憑藉著個人的能力和人品博得了雍正的好感與信任，成為雍正年間的股肱之臣，不負「賢王」的美譽。胤祥由於對雍正王朝的貢獻之大，獲得世襲罔替的資格，被冊封為大清王朝第九位鐵帽子王。

❖少年英才，患難與共

康熙十七年（一六七八），隸屬於滿洲正黃旗包衣的烏雅氏在紫禁城永和宮內生下胤禛，即康熙皇帝的第四個兒子。胤禛在後宮皇室家族中的地位非常尷尬。他的生母烏雅氏出身低微，不能帶給胤禛地位上的榮耀。由於皇朝的後宮不允許生母撫養自己的兒子，因此孝懿仁皇后佟佳氏帶走滿月的胤禛並撫育其成長。

胤禛的童年鬱鬱寡歡，好在他有一個志同道合能夠互相安慰的兄弟，即十三阿哥胤祥。他們之所以能互相扶持，在後宮相伴成長是由於他們的處境極其類似。十三阿哥胤祥的生母是章佳氏，是滿洲鑲黃旗包衣。章佳氏由於身材矮小，經常受到其他後宮嬪妃的欺侮，因此也無法帶給兒子特殊的地位和榮耀，所以儘管胤禛和胤祥年齡相差八歲，但他們確實是後宮皇子當中關係最親密的兄弟。

不幸的遭遇再一次落到十三阿哥胤祥的頭上，在他年僅五歲的時候，他的生母章佳氏因病去世。章佳氏在生前始終沒有得到恩寵，一直到死去也未能被冊封，她死後一個多月才被追封為敏妃。她一生為康熙帝生育了三個子女。

母親去世後，胤禛經常安慰和照料胤祥的生活，這讓兩兄弟的感情越加深厚，胤禛即位後回憶自己跟胤祥的童年時光：他親自教胤祥數學，「憶昔幼齡，趨侍庭闈，晨夕聚處。比長，遵奉皇考之命，授弟算學，日事討論」[3]，每次要跟隨康熙外出征戰，胤禛和胤祥總會形影不離，即使康熙帝只需要帶一人外出征戰，兩人分別一段時間總會有書信往來，交流自己的隨戰心得並且關心對方的生活起居。如此親密的關係使得兩人無論是在生活上還是事業上都會互相扶持，於是胤祥在最後奪嫡之爭中站在哥哥胤禛這邊也就不足為奇了。

據資料顯示，康熙為了保護胤祥，直到自己離世都沒有重用胤祥，並且沒有給他過分的殊榮，即使是在每位皇子跟隨康熙出巡的過程中，都沒有讓胤祥陪伴。這讓胤祥在受到保護的同時也沒有得到父皇的寵愛。隨著各位皇子的成長，奪嫡之爭也不斷白熱化，由於太子胤礽在康熙前往烏蘭布通作戰途中生病期間並未表現出對父親身體的擔憂，遭到康熙的忌憚；再加上康熙帝返京途中發現胤礽夜晚從他帳篷的縫隙間窺視，這對於皇帝來說是一個危險的警訊。康熙懷疑胤礽可能要篡奪皇位，在情感糾結當中還是廢掉了太子，同時，胤祥也因此事受到牽連，被禁閉一年。

胤禛繼位後，胤祥仍是雍正帝最信賴的兄弟，雍正給胤祥諸多的恩寵和榮耀。雍

3　《世宗憲皇帝御制文集》卷二十，「和碩怡賢親王祭文」，《欽定四庫全書》，第七頁。

正元年（一七二三），雍正帝傳旨賜予胤祥錢糧二十三萬兩，胤祥深知胤禛信賴並且感恩自己才賜予如此多的財物，百般推辭，後來雍正帝一而再再而三地宣諭，胤祥才收下十三萬兩。後雍正皇帝又特批胤祥分封後可自由支配官物六年，仍被胤祥謝絕。胤祥謙遜的性格和不貪圖名利的態度，讓胤禛感受到真正的兄弟之情，於是更加信賴胤祥。胤祥自幼謹慎謙卑，為人正直坦蕩，同時因為自幼喪母，沒有真正信賴的人，所以敏感低調，得到的恩寵越多越不敢驕傲；再加上他自幼和胤禛一同長大，對他的秉性非常了解，他看到繼承皇位後的胤禛慢慢暴露出自私貪婪且專橫，對自己的政敵充滿著疑慮，對他們的報復絲毫不心慈手軟，於是，胤祥對於皇帝的恩寵總是盡量謝絕，實在難以推掉的，才敢收下。

雖然胤祥總是竭盡全力謝絕雍正帝的賞賜，但他還是得到了許多地位相同的人從未享受過的榮耀。雍正將自己原來的佐領人丁全部給胤祥，又給胤祥格外添入一、二、三等護衛公十七人，同時，為了突顯他的特殊地位，雍正在胤祥的儀仗中增加豹尾槍、長桿刀。在雍正三年（一七二五）為其加封一個郡王爵位，因為他「總理事務謹慎忠誠，從優議敘」，讓他可以在自己兒子當中任意指封一人，這在清代歷史上是絕無僅有的。胤祥果斷謝絕，雍正無奈，於是給他增加了一萬兩俸銀，作為獎賞。上述種種情形，都體現出雍正皇帝對胤祥的信任和愛護，雍正稱胤祥為「柱石賢弟」。

❖雍正登基，委以重任

康熙在位期間，政治寬仁，人民生活富裕，但隨著年歲的增長，又加上兩次廢太子事件的影響，深深打擊著康熙帝，於是朝中政治腐敗，官員傾軋，致使朝中積弊，財政更是存在嚴重問題。

四阿哥胤禛登上皇位後，胤祥被冊封為和碩怡親王。從上文的表述中我們也可以看出，雍正帝對胤祥可以說是極盡恩寵和信任，雍正在位初年，國家政治經濟情況十分窘迫。他即位後不久便意識到國家內憂外患，國庫也存在虧空。雍正元年（一七二三）正月，他說道：「藩庫錢糧虧空，近來或多至數十萬。」[4]當時掌管朝

4 《清世宗憲皇帝實錄》卷三，雍正元年正月初一條，《清實錄》第七冊，中華書局一九八五年版，第六十九頁上。

中財政大權的部門是戶部，戶部錢庫屬於中央銀庫，到了康熙後期，各種腐敗凋敝現象不斷出現，虧空數額高達百萬兩。雍正帝對此也是非常了解的。而恰恰國家的基礎建設、軍隊的錢糧以及官員的俸祿、國家賑災的物資樣樣都離不開銀兩，雍正帝即位後，首要問題就是扭轉財政盈虧，他認為國庫虧空直接關係到國家建設，不可「以國家一定之經費，任貪官污吏之侵漁，令小人藐視國法」，「康熙年間之虧空，此時不能清楚，倘雍正年間又有虧空，將來亦復不便稽查，積弊相因，何以經國用而教後人。」

這項重任就落在胤祥身上。胤祥被任命為議政大臣，全權負責朝廷事務。雍正元年（一七二三），雍正任命胤祥管理戶部。這個部門非常關鍵，直接關係國家各項重要決策，並且交易處理非常繁複，又牽扯很多駁雜的關係，康熙在位期間遺留下來的很多問題都有待解決，胤祥在康熙在位期間一直被忽視，現在受到了如此禮遇，自然全力報效胤禛的知遇之恩，胤祥自上任，勤勤懇懇工作，沒有任何怠慢。

康熙時期，各個州縣都是自己將所需的錢糧實數報部奏聞，各個部門的數額根本無法考證，各個州縣的銀兩除了各種正規支出之外，有很多灰色地帶。雍正元年（一七二三），朝廷設立會考府衙門，專門負責財務出納的審計、財政赤字的審查和清理虧空問題。規定「錢糧除地方正項外，其軍需各省動用之項，具題到日，應准應駁」，具體可動用款項數額等都由會考府的大臣商議定奪。此部門成立以後，各部門處理奏銷等事宜仍然有不合理之處。於是，雍正帝頒布命令，「應駁之事定須送會考府查看」，如果的確是需要撥款的，都要經過會考府負責人胤祥等官員的簽署。

胤祥第一次處理過去遺留的大量舊案件，就打破以前的舊規則，日夜兼程地將上千起案件理出頭緒，認真對待每一份檔，嚴格按照規程辦理，並且指定了案件處理的最後截止日期，同時獎勵勤勉的官員。胤祥知道這項任務非常重要，於是盡心盡力，認真處置。認真嚴謹的會考府官員是非常有名的，哪怕僅僅是多了幾兩銀子也難以蒙混過關。雍正三年（一七二五），太常寺為各個廟宇祭祀所需貢品一事進行預估，將肉類、果蔬等所需銀兩的數額報到會考府，胤祥率領各官員對這些祭品的開支進行了核算，發現這些祭品的總價比去年多了十五兩四錢二分，於是馬上駁回了太常寺的奏銷請求。對於那些核准沒有問題的，予以發放。如此幾年後，國家的財政有了起色，雍正在會考府成立三年後解散了這個部門，這三年，在胤祥的辛勤工作中，會考府總共處理奏銷五百五十件案件，在一定程度上抑制了冒領、虛開等現象，為國庫節省了銀兩，扭轉了雍正時期的財政困境。

同時，胤祥還負責戶部三庫和戶部事務。他首先開展的是錢糧虧空的清算工作，在工作當中發現戶部已經虧空銀兩高達兩百五十萬兩。經過皇帝批准，胤祥負責命人根據每人的不同情況進行查抄。在清算過程中胤祥採取了一些具體可行的辦法，首先是為清算工作定了一個最終日期，暫停了被查抄官員的俸銀發放，並且不允許他們有任何職位變動，「如限內交完，伊等應升之缺聽其升轉」。用相當於分期結算的方式逐月扣除官員的額外俸祿，在限期之內沒繳納完畢的就把責任轉交其所在各旗，從他的家產中徵收。如果其本人已經離世，則向他們的家人討還。對於造成財政虧空的皇親國戚也不留情，如郡王允祹、敦郡王十阿哥允䄉等人也被責令出賣家當盡快還清虧空，因此胤祥也觸動了很多王室貴族的利益，但是只有如此才能夠完成好雍正交予的重任，才可以不辜負雍正對他的恩遇和信任。因此，他的工作也收到了顯著的成效，整頓了國家的財政，帳目虧空的補還立竿見影。

在清算的過程中，胤祥還對一些政策上的短板進行了改革。以往戶部為各個部門按春、秋兩季進行撥款，以前各個州縣只要到了撥款時間，往往會利用自己州縣的困難情況申請多撥款，而撥款的官員就會借此機會接受賄賂，從中牟利，以至於「得借存庫名色，通同挪用，而州縣效尤亦不肯隨征隨解，官侵吏蝕，虧空累累」，「虛收捏報，掩飾彌縫之弊不一」。胤祥管理戶部以後，要求各個州縣將自己的開支登記在冊，供戶部官員調查，戶部核對各個地區錢糧的使用情況，再直接上報給雍正帝，由皇帝親自定奪給各省的各項開支數額，並且分給各個省份額外開支以備不時之需，其餘全部按照春、秋兩季進行撥款。此舉在當時發揮了重要的作用，以後各省都沒有虛報的現象發生，各省份的虧空也逐漸明朗。同時，這種做法也獲得了雍正帝的讚許，雍正四年（一七二六）福建巡撫毛文銓就上奏解決銀糧問題，雍正帝沒有答應他的請求，並認為他有隱瞞不報之弊，讓他接受胤祥的調查，「朕信得及怡親王，至於爾等，朕實未能深信，諒怡親王必不肯將不應撥之項撥解，爾但據實報部，王自有斟酌處理之道，設欲弄巧欺隱鑽營趨奉，王斷不為搖動也」。這裡也可以看出雍正帝對胤祥極盡信任。

從此以後，胤祥正式成為雍正帝手下的得力幹將，全面協助雍正帝治理國家，雍正帝對他也是非常信賴，他的做事能力，對人事的慧眼識別，以及處理事務手段的高明，根本不像一個未曾從政的皇子。這也讓胤禛更加肯定了他的才能，並且決定繼續任用胤祥。康熙末年，清朝內部已經危機四伏，不管是財政、稅務、軍事、法治，等等，皇帝已經基本失去了控制，處理這一切，也並非只要得到皇帝的信任就可以處理好的。胤祥發現，看守國庫的人員不確定，存在重大隱患，他認為在如此重要的位置上應該派遣固定人員進行看守，於是上奏「請將銀庫、顏料、緞疋三庫俱派上三旗官兵看守」，如果看守的官兵五年之內沒有出過任何差錯，那麼就可以得到升遷的機會，如果在看守的過程中出現差錯，將依法定罪；並且他認為，國庫內的錢糧尤其重要，「若將庫官於一年之間，尚未諳練事務，即行更替，不肖官員趁其將滿，作弊顯然」。他建議不能再延續前朝看守官員一年一換的制度，應該用固定人員進行看守，如果看守人員履職盡責就留任，否則將會被治罪。由此看來，胤祥確實是戶部的得力幹將，在短時間內便取得了良好的成效。

國家財政虧空扭轉之後，胤祥又採取了一系列減輕農民的負擔、安撫百姓、休養生息的政策。他上奏減輕浙江、江西等地的浮糧，這在康熙時期就有人上奏提出過，但是並未被採納。雍正帝認為這是「體皇考愛民恤下之心，佐朕減賦賜租之政」，命「歲減江南正額，蘇州三十萬兩，松江十五萬兩。浙江之嘉興、湖州，江西之南昌，亦次第剪除。通計歲減六十一萬兩有餘。直省正供遞行豁免者，亦數百萬」。成功減輕了百姓的負擔，這讓胤祥得到了民眾的擁戴，所以胤祥去世後，民間十五省為其造祠祭祀，這是其中一個原因。

雍正三年（一七二五）十二月，胤祥開始掌管水利營田事務。歷朝歷代的水利營田都是國之重任，非有能力的人不能勝任，自元代初興之時，對水利營田等事宜就已經爭論不止，明代的徐貞明治理營田水利半途而廢，引得後人議論紛紛。而胤祥作為雍正最為信任的人，這項重要的任務便託付給了他，再加上胤祥盡職盡責的辦事態度，他很快便勝任了這項工作。他制定了水利和土地管理的相關政策，經過各個季節的實地考察，他精心制定計畫，疏通河道，築堤置閘，開引河，開挖入海直河，到區域田土疆界，開挖溝渠，由此營田水利府在他的幫助下成立，直接將河流劃分為四個部門管轄，胤祥多次到訪指導，親自到直隸東、南、西三面千里之外，花費數月時間考察，不辭勞苦，親自勘察地形，並繪製出清楚的圖紙，「窮原竟委，相度周詳，且因地制宜，准今酌古，曲盡籌畫」，雍正帝對胤祥的親力親為極為認可。

在得到第一手的資料後，胤祥還向當地的百姓請教，發現直隸水系在天津入海，從北面白河、南面衛河、澱河處徑流，並且橫跨十多個州縣，是很多水系的儲水之地。由於各湖多年以來堆積淤泥，使得水道變窄，不能儲存過多河水，一旦該流域水流暴漲，便會形成洪災，於是胤祥提出想要治理直隸之水必須先治理途徑的各個淺水湖，疏通湖泊，廣引河水，從而讓水系的脈絡疏通，「四面開渠，中穿溝洫」。胤祥在治理水利的過程中不盲目輕信過去的經驗，能夠因地制宜，並具體分析問題。由於對京城水利的有效管理，雍正帝嘉許胤祥「忠敬誠直，勤慎廉明」。

同時，胤祥認為，居民完全可以合理利用好這些水資源，所以，他在治理水澇災害的同時也非常注重水利營田。在管理水利營田的當月，胤祥請求在天津京南霸州、任邱等地設營田專官，進行營田專項治理，修築河流和田野，開墾萬里荒地，鼓勵農民耕作。除此之外，南方農民也被他雇來教導如何種植水稻，洪水相對減少。在同一時期，胤祥四處走訪，「江南水道，自河淮而外，多致淺塞」，他了解到江南雨水豐盈，但是每到雨季都會出現河水氾濫的現象，於是他奏請雍正，請求疏浚江南水利。此次雖然他沒有親自去治理，但是依然根據親歷水利人員的調查報告進行指導，最後也取得了成效，南方十多州縣河流疏浚，都是水利灌溉的結果。遇到旱澇災害時，也對災民採取相應減免措施，宣布受災「十分者著免七分，九分者著免六分，八分者著免四分，七分者著免二分，六分者著免一分」。此舉更是得到了人民的擁護，這是民眾喜愛胤祥的另一個重要原因。

興修水利取得明顯成效之後，他還採取了很多利民的舉措，提高了民眾的生活水準，他提出，在播種高粱、水稻等高產農作物的同時，那些零散的土地也不應該荒廢，可以種植水果、發展林木。沼澤水池等地方可以種植蓮藕、養殖魚蝦等，並讓當地的官員對這些種植和養殖的農戶實施獎勵。直隸等水利營田建成之後，胤祥發現很多北方居民不喜歡食用稻米，於是他上疏「請發銀採買米石，使得賣米價銀，以買小米高粱」，以符合全國百姓的生活習慣。這也大大贏得了百姓的愛戴。

經過胤祥一系列的治理方案，雍正五年（一七二七）至雍正七年（一七二九）三年時間內，國內總共治理營田六千多頃，並且糧食連年大豐收，「每畝可收稻穀五、六、七石不等」，國庫糧倉以及百姓的物質生活一度達到溫飽，出現歌舞昇平的景象，政府增加了財政收入，百姓生活衣食豐足，雍正帝於每年秋冬「發帑收糴，民獲厚利，向所稱淤萊沮洳之鄉，率富完安樂豳吹蠟鼓相聞，可謂極一時之盛」。

胤祥去世以後，國內馬上出現了「司局者無所承稟，令不行於令牧，又各以私意為舉廢」的現象，雍正八年（一七三〇）七月，雍正帝發出無奈感慨：「北堤河工水勢漫溢若此，總之吾弟怡賢親王仙逝，遂至籌劃多疏、防護鮮術，朕雖宵旰焦勞，而辦理無人將奈之何？」國內的水利營田事業隨著胤祥的去世而落入低谷。

胤祥任職總理事務大臣以後，還著手處理康熙及孝恭仁皇后的喪葬事宜，他對於西北軍事也出謀劃策，對於外國傳教士事務親力親為。雍正三年末，雍正解散了會考府、撤掉總理各國事務大臣。胤祥除了要處理以上的事務以外，還要總管圓明園的八旗禁軍，操辦胤禛藩邸、陵寢等相關事宜，並嚴格辦理軍需。雍正七年（一七二九）六月，設立了軍需房，可以說這個機構是專門為了對付準噶爾所設立，作戰期間，胤祥在軍需房負責管理相關事務，有力配合了戰爭，並且調配有方。

當時數額巨大的軍需皆出自胤祥之手，並且毫無半點差錯，雍正帝在誓師大會上曾說過：「怡親王同大學士張廷玉、蔣廷錫辦理甚屬妥協，如蒙上天默佑，即奏凱歌，伊等之功不小。」胤祥在籌辦軍需的同時還參與了用兵的謀劃，胤祥有相當高的軍事才能，雍正帝稱頌胤祥：「少稱神勇，留意兵戎帷幄運籌，計周萬里。」《八旗通志．初集》也說他「洞屬機宜，遠近險易，了若指掌」。在軍事謀劃方面，他的很多軍事妙計都得到了雍正帝的讚許，雍正帝本來策劃兩路大軍在阿勒泰集結，第二年奔赴厄爾其斯，胤祥否定了他的方案，提出去阿勒泰和厄爾其斯應該一氣呵成，以避免軍糧物資浪費。雍正帝認為，如果一氣呵成抵達了厄爾其斯可以趁機收穫敵人的糧食，但是胤祥認為敵人即使有耕種，糧食也未必會留給我軍，於是他提出應自帶種子，到後種植，以待來年收糧。雍正帝認為胤祥的建議非常有道理，於是緊急派兵部署。

他還承擔了許多職責，例如審判雍正帝臨時移交的案件等非常繁多的事務。他處理的大型案件非常多，當得知大案牽涉人很多時，他尤其注重以理服人，反對行刑逼供，「聽訟之道，求諸詞色以察情偽。設誠以待之，據理以折之，未有不得其情者。惟大猾狡獪，不得已而施之敲搒。若概用重刑，鍛煉成獄，三木之下，何求不得。此折獄之未免有冤抑也」。胤祥秉承著這樣的理念進行大案的審理，確保證據充足，只有在人證物證俱在、證據確鑿的情況下，審訊的犯人還狡猾申辯、拒不認罪，才會用刑。這一做法也得到了雍正帝的肯定，他認為胤祥仁心寬厚，「本懷總不欲使天下有一冤抑之人，俾國家受濫刑之議」，命其他各官員皆以胤祥為榜樣。

胤祥和胤禛這樣的兄弟之情在封建帝王之間是非常罕見的，後人經常用「棠棣之情」來形容他們。

❖為國舉賢，選賢任能

胤祥在舉薦人才方面也有著巨大的貢獻，他舉薦人才從國家社稷大局出發，不拘一格，不以滿漢區分，不以政治恩怨為界限，可以說是真真正正地為國家著想。尤其是雍正初年，胤祥曾向雍正帝推薦了非常多年輕位卑卻才華橫溢的官員，這些人日後大多得到重用，如山西巡撫石麟、福建總督劉世明、福建巡撫趙國麟、陝西總督查郎阿，等等。他從兩方面考慮，一方面雍正帝繼位為新君，急需政治洗牌，培養自己的親信大臣；另一方面，這些人也確有其才，可以擔當大任，他們成為雍正王朝到乾隆初年整個國家官僚系統的中堅力量，積極落實和貫徹了雍正帝諸多鐵腕改革政策。

還有一個大家非常熟悉的雍正帝近臣李衛，他也是因為胤祥的極力舉薦才被雍正皇帝所熟知的。歷史上的李衛出身富庶鄉紳之家，但其本人文化程度不高，靠著「捐官」當了個國子監生。如果沒有胤祥的發現，李衛可能永遠只是個小官。怡親王胤祥以李衛「才品俱優，可當大任」，向雍正皇帝力薦，授直隸驛傳道。在此前，雍正皇帝並不知曉李衛的姓名，然而怡親王是雍正帝最信任的人，也正是因為他的力薦，李衛才能嶄露頭角，實現自己安邦定國的理想。雍正元年（一七二三），李衛應詔入見，特改授雲南鹽驛道。從此，李衛作為雍正皇帝寵信的心腹之臣，驚世才華得以完全施展。

在武官方面，胤祥力挺岳鐘琪和年羹堯，認為他們是難得的良將。岳鐘琪也確實沒有給胤祥丟臉，為大清朝立下了赫赫戰功。雍正帝起用年羹堯主持青海戰事時，隆科多從中作梗，阻撓年羹堯獲勝。胤祥為此事特地向雍正帝奏言，曰：「軍旅之事，既已委任年羹堯，應聽其得盡專閫之道，方能迅奏膚功。」雍正帝聽取了他的奏請，此後不許隆科多從中掣肘，青海才得以平定，邊界獲得安寧。

川陝總督是康熙年間就定下專門為八旗子弟設置的職位。岳鐘琪作為漢人，獲得此官職招來很多人的不滿與嫉妒，彈劾岳鐘琪的人不勝枚舉。《上諭檔》（手抄本）中寫道：「又如岳鐘琪乃不世出之名臣，而蔡珽等蓄意排陷，指為年羹堯之黨，屢在朕前奏其不可信。而王（指怡親王）懇切陳奏，謂岳鐘琪才識兼備，赤心為國，必無負恩忘義之事，願以身家性命保之。」

此外，在宗室方面，雍正帝對康熙末年參與爭儲的眾兄弟以及皇族宗室進行了嚴厲的打擊。儘管這是政治需要，但同時也留下了巨大的後遺症，以至於後人評價他「刻薄寡恩」。為彌補這一缺憾，胤祥舉薦了愛新覺羅・允禮，這樣雍正帝在宗室中又多了一個親信的兄弟，不僅有利於改變他在兄弟問題上的刻薄形象，更為雍正帝增添了一位得力幹將。

允禮本為允禩同黨，雍正皇帝命其看守皇陵。胤祥為此特地上奏雍正帝：「十七弟居心端方，乃忠君親上、深明大義之人。」希望雍正帝給以重用，雍正帝聽從了十三弟的意見，晉封允禮為果郡王，並且讓他管理理藩院。雍正帝發現允禮辦事非常有一套，對其非常讚賞，又晉其為親王，命其管工部事，總理戶部三庫。後來，允禮奉命赴泰寧，送達賴喇嘛回西藏，沿途檢閱各省駐防及綠營兵；還京，辦理苗疆事務。此時允禮在朝廷上已經是非常重要的大臣，成了雍正帝的幹將。乾隆帝即位，命他總理事務，解宗令，管理刑部；不久，乾隆帝賜其親王雙俸，宴見免叩拜。允禮曾祕密奏請蠲免江南諸省民欠漕糧、蘆課、學租、雜稅，雍正帝允准，因而獲「秉性忠直」、「存心寬厚」之讚譽，著有《春和堂集》、《工程做法》等書。胤祥舉薦的這些人才，讓雍正朝的各種新政能夠貫徹到底，落實到位。可以說，這些人才是胤祥去世後，留給雍正朝的「一筆巨大遺產」。

❖淡泊明志，寧靜致遠

作為一名皇子，胤祥接受著嚴苛的皇室教育。皇子們每天的上課時間比之今天的高考生也毫不遜色，他們每天清晨四點就要進入上書房（皇子們讀書的地方，在乾清門內東側的廊房），直到下午五點左右才下課。一到「校」就要開始「早讀」，就是複習之前學過的經書，或者對當天需要上課的內容進行預習。雖然是皇子，但是對於讀書這件事，他們絲毫不敢怠慢，因為除了上書房的老師，皇帝也會隨時抽查。一旦發現任何問題，遭殃的不是學生，而是老師。從六歲開始，他們便開始入學就讀。至於「畢業」的年齡基本上沒有固定的要求，有些皇子讀書甚至要讀到三十歲左右。

胤祥也過著這樣的生活，接受著滿、漢、蒙三種文化的薰陶，是個不折不扣的「學霸」。在這樣的環境中，胤祥的興趣愛好非常的廣泛，他喜愛收集字畫、古籍和鑒賞珍玩。他的書法甚至得到過康熙、雍正兩位皇帝的認可，可惜的是，現在留存較少，無論是書畫作品還是詩詞歌賦都沒能流傳下來。現在留存下來的只有雍正帝和胤祥的兒子弘曉收藏的少數作品。雍正帝在《交輝園遺稿》上題詞：「朕弟怡賢親王，天資高卓，穎悟絕倫。如禮樂射御書數之屬，一經肄習，無不精妙入神，為人所莫及。（略）而王自謙學力不充，總未存稿。是以王仙逝後，邸中竟無留存者。」對於文人雅士而言，希望自己的作品可以流芳百世是他們的普遍心態，但是胤祥卻從未存稿，可見他淡泊名利的性格。

他不在意自己可以為後世留下什麼東西，也不在乎能不能青史留名，他更關注的是當下，能不能為清朝、雍正帝幹一些實事。這大概也是他甘心隱藏在幕後為雍正帝出謀劃策的原因吧。胤祥對權力抓得非常緊，但那是出於政令通達的考慮，和雄主明君喜歡自己掌權一樣無可厚非，不過從他數次推辭賞賜來看，不難發現他看待富貴榮華十分通透，可謂富而不貪，懂得節制。這從另一件事情也可看出。帝王貴族生前都要為自己選定一塊建墳安葬的「吉地」，胤祥曾經奉旨到泰寧山為皇帝勘選陵址。雍正帝對選定的「上吉之壤」非常滿意，認為胤祥立有首功，就把萬年吉地附近的一塊「中吉」之地賜給他。胤祥聽後，驚慌失措，非常惶恐地辭謝，說這等吉地只有大富大貴的人才能受用。雍正為此多次與胤祥溝通，胤祥仍然推辭。

後來，胤祥在六十里以外的淶水縣境內為自己選定了一塊墓地，認為這才與自己的身分相配，並奏請皇帝賞給自己。隨後，胤祥生病了，仍擔心皇帝不收回「吉地」

的成命，再三奏請。雍正帝只好答應了他的請求。胤祥接到聖旨後，高興得手舞足蹈，當天就派遣侍衛前往淶水取土。幾天後侍衛回來，將土呈胤祥查看。胤祥竟迫不及待地取了一小塊，手捧著吞到肚子裡，口中還唸唸有詞道：「這樣的話，則臣心安而子孫蒙福了。」此事在《清世宗實錄》、《欽定八旗通志》以及《內務府檔案》中都有記載，可見歷史上曾有過這一齣「怡親王吞土」的場景。

❖積勞成疾，英年早逝

為了抬高胤祥生母章佳氏的地位，撫慰胤祥，雍正帝下旨將敏妃家合族人等由包衣撥出編一佐領，追贈其為皇考皇貴妃（連升兩級），並且開了妃子從葬帝陵的先例，將章佳氏遷葬於景陵。

據史料記載，康熙五十年（一七一一），胤祥身體開始出現了問題，在腿部生了一種毒瘡，並且「起白泡，破後成瘡，時流稀膿水」。康熙帝也曾在回覆胤祉奏摺當中詢問：「胤祥瘡如何了？看起來並不好啊？」，表示關心慰問。胤禛也曾為胤祥遍訪名醫，並交代總督鄂爾泰「若知有精於醫理之人，可資送來京，以為調攝頤養之助」。胤祥的病時好時壞，直到雍正二年（一七二四）仍未完全康復。按照現在的醫理看，胤祥在康熙年間得的可能是鶴膝風，也可能是風濕或骨結核。之後雖經過調養，但身體狀況已經變差。雍正帝曾對年羹堯說：「王（胤祥）今春夏只覺瘦弱。」由此可見，胤祥的身體狀況已經到了非常糟糕的地步。

雍正帝即位後，胤祥承攬了相當多的政務，和辭謝各種恩賞時表現出的謹小慎微不同，胤祥在接受皇帝交給的政務時抱有一種毫不推卸、竭力而為的態度，這和他本人極強的政治責任感與使命感是分不開的。雍正四年（一七二六），胤祥生了一場重病，四個月間斷斷續續不能痊癒，雍正帝擔憂之下甚至出內帑於宮中設醮為胤祥的病祈禱，但胤祥卻絲毫沒有閒著，四月份上旬忙著州府重新劃分、官兵管理以及雲南鹽務事宜，四月中旬和五月親自去勘探河道，六月份研究將附近省份糧食調往福建以濟民，清查當地虧空（這之後就開海禁了），七月份又出京，上奏如何新開河道，安排河工。

雍正七年（一七二九）秋冬，由於長年的積勞成疾加上沉屙，胤祥的身體已經非常不好了，雍正帝下令太醫院使劉聲芳任戶部侍郎，目的在於讓他在胤祥身邊為其隨時診療病情。可胤祥依舊日夜操勞，甚至還親自和高其倬等人一起翻山越嶺，往來審視，由於怕煩擾百姓，胤祥甚至常至昏夜始進一餐，這種身心俱疲的狀態愈發加重了他的病勢。

胤祥的兒子弘曉（後承襲怡親王爵）曾回憶：自己於晨昏定省之時，常見父親將「軍國重務」帶回家料理，「手不停批」。如此繁重的工作，使得胤祥的健康每況愈下，此時胤祥不但腿疾不見好轉，同時又患上了其他病症，經常咳嗽且幾個月不見好轉。

雍正八年（一七三〇）五月，積勞成疾的胤祥病逝；配享太廟，上諡號為「賢」，另賜有匾額「忠敬誠直勤慎廉明」冠於諡前。將其名「允祥」的「允」字改回「胤」字，這成為有清一代臣子中不避皇帝諱的唯一事例。雍正帝稱讚他為：「自古無此公忠體國之賢王」。雍正帝為君，給胤祥的寵榮無以復加；胤祥為臣，對胤禛「鞠躬盡瘁，死而後已」。

04

乾隆為睿親王平反

細數世界上規模最大以及保存最為完備的皇室家譜，不得不提起清代的《清玉牒》。其中不僅記錄了家族的歷史，家族的輩分規定，子孫的繁衍情況，家風習俗，同時也全面地反映了清代的規章制度、人文風景、銘文珍寶、人族戶籍、人口繁衍等。遼寧檔案館總共收錄了清代順治至光緒各朝二十六次修繕的玉牒一共有一千一百三十三冊，收錄較為全面。

當代著名的歷史學家張紅曾對《清實錄》做出這樣的評價：「在《清玉牒》編修的序章裡，有非常詳細的規定哪些罪責族人不可以入玉牒，《清實錄》之中對該情況也描述得非常詳細。」而多爾袞為大清立下了汗馬功勞，在清朝的早期玉牒之中卻看不到多爾袞的蹤跡，這樣集權力與榮譽於一身的皇叔父攝政王，去世之後卻不能納入玉牒當中。但是，翻看一百多年後的《清玉牒》，又突現多爾袞的名字，這究竟是怎麼一回事呢？這還要從多爾袞的生平說起。

❖為政舉措

多爾袞的前半生過得還算是相當的順風順水，他有著多重身分，他是努爾哈赤疼愛的幼子，是清太宗的弟弟，同樣他也是順治初期清朝的統治者。順治繼位之時，尚且年幼，因此，多爾袞輔佐幼帝，然而實權真正掌握在他的手裡，在當時他的地位真可謂「一人之下萬人之上」，先後被封為攝政王、叔父及皇父攝政王。

在順治元年，多爾袞率清兵進入北京城。

在清軍抵達北京之後，統治階級內部發生了巨大的分歧，主要的矛盾點在於：是否要將首都從瀋陽遷到北京。此時的阿濟格極力反對遷都，而多爾袞則對遷都之事大力支持。為首的反對派阿濟格認為清軍入關太快，並且糧食生產供給不足，因此在此時遷都是不明智之舉。但是以多爾袞為首的入關派則認為，入關是一種戰略布局，可以彈壓中原，雄霸九州，同時更加有利於日後的出關。多爾袞將各方意見統一，終於在順治元年，決定遷都北京紫禁城。

在政治制度上，多爾袞並沒有廢除明朝現有的制度，而是延續明朝制度，依然將六部作為最重要的國家權力機關，但是多爾袞任命滿人擔任重要的職位，同時廢除了貝勒親自處理部事的權力制度。後來，多爾袞開始重用漢人，並且實行滿漢分任制度，在一定程度上接受漢人官員。作為一個出色的政治家，多爾袞保留歷代政治制度中好的做法，保留了原有的督察院和六科十三道，並且鼓勵官員直言納諫。

可以說，這樣的中央政治制度是符合當時的歷史背景和國情的，既保留了滿族特有的制度，保證了滿蒙貴族的特權，引進議政王大臣會議，控制了內閣的權力，又保證了皇權的自主性，是明智之舉。

同時，作為滿人，多爾袞並沒有極度蔑視漢人官員，而是加以重用。尤其是在清初，滿人剛入關，百廢待興，多爾袞下令戒飭官吏，廣納賢人，並且設立了大學士，重用漢官，范文程、陳之遴等人，繼續盡上一朝代明朝內閣的職分。在設立軍機處之前，多爾袞依舊採用明代的「擬票」制度，利用內閣替皇帝批答官員的奏摺，先將寫好的辭書寫在票簽上，讓皇帝進行裁決。「擬票」制度雖然在後來被廢棄，但是絕不能忽視它對朝政管理的重要意義。

雖然多爾袞在戰場上殺伐果斷，但是也關愛百姓，受到老百姓愛戴。順治元年，多爾袞進京，進入京城後，他下令減輕百姓稅收負擔。令曰：「明朝實行三餉制度有極大的弊端：在遼餉之外，還有練餉，幾倍加派，近來十多年，甚至二十年，這個制度都造成民不聊生，朝不保夕。從今天起，除了正常納稅之外，其他的稅都予以減免，如果有官吏違背政策，查明之後定罪。」這對於經歷長時間戰亂的百姓而言，無疑是最好的安慰；也減輕了百姓對於滿人統治的厭惡感，於是，北方的局面迅速穩定下來了。

但是，所謂的「輕徭薄賦」，不過是一種漂亮的口號而已。實際上，在多爾袞執政時期，國家財政處於一種超負荷的狀態，即使層層地搜刮民脂民膏，依然不夠使用。據順治九年財政統計：每年財政收入一千四百八十五萬餘兩，出數一千五百七十三萬餘兩，不敷銀八十七萬餘兩。為了改變入不敷出的局面，順治帝設立興屯道廳、推行屯田墾荒，以達到增加稅收的目的。順治十年，順治帝以中央政府的名義下令：百姓願意耕種，但是因為財力不足的，官府可以提供耕牛以及種子，如在三年之內還清，這塊地就永遠是他的產業了；對於從事過抗清運動而洗心革面、重新做人者，也「授以無主荒田，聽其挈家耕種為業」。另外，順治還調動各地鄉紳大戶投入到屯田墾荒的運動中來。這樣，興屯墾荒政策大範圍推行，對於清朝開國時農業的恢復、稅收的增加，其好處是實在的，清朝中央政府在事實上收到了「不煩帑金之費，而坐收額課之盈」的效果。

自從明朝禍亂以來，百姓們相互狀告，這種行為相互傷害並且敗壞風俗，因此，多爾袞入京後頒布命令：從現在起，凡是在順治五月初二天亮之前，不管以前犯下了多大的罪全部都免罪，有違背過訴訟的人，因其所狀告的罪狀，懲戒自己。爭奪田地、結婚以及鬥毆等小事，只要向有關部門報告就可以，重大案件經過安撫結案，只要不是機密的案件，沒有允許不可以越級訴訟，如果控告、誣陷良民被發現則罪加一等。

❖死後掘屍

順治皇帝在多爾袞死後掘其屍體主要原因是什麼呢？難道真的是因為順治帝的額娘孝莊太后與多爾袞的感情令順治極度不滿嗎？這件事得從多爾袞的謀逆案說起。多爾袞失去最愛的王妃博爾濟吉特氏後，十分悲痛，身體每況愈下。有一次，他帶人圍獵，由於身體不濟，不幸墜馬，不久便過世了。多爾袞過世之初，順治十分悲慟，為了追思多爾袞，順治皇帝給了眾多賞賜及封號，且追尊多爾袞為「懋德修道廣業定功安民立政誠敬義皇帝」。但是，僅數月，蘇克薩哈便向順治帝進言，說多爾袞早有謀逆之心，在多爾袞的陪葬品裡居然有龍袍。順治帝大怒，不但收回了一切封號，還將多爾袞從玉牒除名。這就是多爾袞謀逆案。

❖乾隆平反

在後期的《清玉牒》中記錄了多爾袞的兩大歷史罪狀：第一大罪狀是霸王專權、私自製作皇帝龍服、私自收取皇家珠寶；第二大罪狀是由於想要篡位，多爾袞隱瞞順治皇帝，想要率領兩固山旗兵馬駐守永平府，想要占領東北到北京的交通要道。由於以上原因，清政府才削奪了多爾袞的爵位。而最妙的是，《清玉牒》中記錄的皇家族譜並沒有多爾袞母子撤出廟享的記載，多爾袞仍被稱為「太祖第十四子和碩墨勒根親王」，也並沒有將他從宗室族譜中剔除。

康熙時期，多爾袞的名字才開始從玉牒中消失。康熙九年編纂的《列祖子孫宗室豎格玉牒》中，已經找不到多爾袞的相關記載了。從康熙帝到雍正帝這段時間，多爾袞的皇族地位皆不被清朝皇室宗族承認，皇族族譜《清玉牒》編寫的目的是為了讓後世在了解清朝歷史的時候能夠清晰了解當時的宗室成員如何降罪，因此，記載了從皇室直系宗室降為旁系宗室如何量刑，以及罪罰輕重，並對實施懲罰的理由進行充分說明。從這個角度來看，族譜的編纂不無道理。

乾隆皇帝則決定為多爾袞平反，這時恰巧在編訂開國功臣列傳，於是在朝廷編纂玉牒時，乾隆帝命人對多爾袞黜宗室後復入宗室的情況做了說明。《列祖子孫宗室暨格玉牒》序言記載了乾隆皇帝恢復多爾袞宗室身分的緣由和經過。乾隆帝在閱讀祖宗實錄的時候，感念歷代祖先創業艱難，對那些因為種種原因被削奪爵位的皇族成員表示了惋惜和同情。乾隆帝歷數了多爾袞的功績，對他給予了很高的評價，「想起睿親王多爾袞在開國之時，首先統領眾人，清除殘留賊人勢力，肅清宮禁，分別派遣諸王，追擊殲滅流寇，安撫邊境，不久就迎接世祖乘車入都，定國開基，以形成統一的大業，立了大功」。

接下來，乾隆帝對多爾袞的獲罪和削爵做了分析和判斷，將責任推到蘇克薩哈等一干大臣身上，替曾祖父順治皇帝懲治多爾袞申辯解釋，「但是因為攝政有年，不要擅自作威作福，諸王大臣不免擔心而嫉妒。結果死後為蘇克薩哈等所構陷，授款於其屬人，首告誣以謀逆，經諸王定罪除封」。他認為順治帝當時尚年幼，沒有親政，由諸王給多爾袞定罪除封，是在皇權失控時做出的決定。在乾隆皇帝看來，多爾袞的被罷黜是順治朝王公貴族嫉賢妒能、爭權奪利造成的一起冤案。乾隆皇帝認為多爾袞立了大功，而且多爾袞手中掌握兵權，如果有謀權篡位之心，又有什麼辦不到的呢？何必在身後殮葬時才僭用龍服呢？因此，他下詔書還多爾袞攝政王的封號，並且追諡曰「忠」，配享太廟，重修陵墓，如同親王一般。由於多爾袞並沒有子嗣，因此讓多鐸之子多爾博承繼為嗣。在多爾袞被削爵後，多爾博回歸原宗，如今乾隆皇帝下詔仍令多爾博一支承繼多爾袞的香火，承襲其爵位。在多爾袞被罷黜一百餘年後，乾隆皇帝為其平反昭雪，洗清罪名，使其能夠重新歸宗。

乾隆皇帝為多爾袞平反昭雪時，提及「朕自臨御以來，間日恭閱列祖列宗實錄一冊，因得知祖宗創業艱難……」。「列祖列宗實錄」指的是《清實錄》，它是清王朝一部官修編年體史料彙編，主要記載政治、經濟、文化、軍事和外交及皇帝的一些禮儀性活動等內容。乾隆皇帝所閱讀的與多爾袞有關的應是順治朝的《清實錄》。順治朝《清實錄》對多爾袞由榮至衰做了比較詳細的記載。多爾袞由生前一人之下萬人之上的權力頂峰，到死後被撤出廟享，開除宗室，《清實錄》中記載的這段歷史是比較完整的，為後世了解評論清初的是非曲直提供了比較翔實的史料。

《清實錄》是清王朝的重要檔案，記錄了清朝歷代發生的重要事件，其中最為重要的是在《清實錄》中詳細記錄下了皇帝的一言一行。根據《清實錄》記載可知，順治皇帝在六歲時就已經登基，當時皇帝尚且年幼，此時皇權多由攝政王多爾袞代為掌管，多爾袞才是當時實際的統治者。從順治八年將多爾袞開除宗室，到乾隆四十三年又恢復多爾袞宗室地位，歷經四代皇帝，後人再來評價清初那一段歷史唯有以檔案為依據。乾隆皇帝以《清實錄》為依據，經過多方的考察和分析，對多爾袞的是非功過給予客觀的評價，不斷地思考之後，秉承著實事求是的客觀態度，為多爾袞平反昭雪。在具體的平反細節中，他承認多爾袞在率諸王入都北京，並完成國家統一大業的壯舉中功不可沒。

乾隆三十八年，乾隆皇帝偶然注意到多爾袞的墳塚年久失修，並且沒有人打理，便令內務府修繕，並准其近支祭掃。乾隆四十三年（一七七八），乾隆帝決定為多爾袞平反。我們從這裡也可以看出，乾隆帝至少冷靜思考了五年以上的時間才對多爾袞進行平反，並不是意氣用事。乾隆皇帝以他的閱歷和眼光，對多爾袞做出正確的評價，肯定了多爾袞在清朝初年統一中國過程中的重要作用，認定這是諸王嫉妒報復多爾袞，於是果斷為其平反昭雪。這是出於政治上的考量，也是為了給自己留下千古美名。乾隆四十三年，盛世當頭，百姓們居安所，享樂業，國家繁榮昌盛，在乾隆皇帝看來他已經將清朝帶入了開國盛世。在這樣的情況下，乾隆皇帝覺得自己需要做一點與眾不同的事情來點綴自己創下的盛世功勞，同時顯示自己愛民如子。乾隆皇帝想做一個仁政愛民的明君，也想做好愛新覺羅家的當家人。他不光要得到民心，還要得到宗族的支持，這樣他的皇權才能更加穩固。

乾隆皇帝不僅幫助多爾袞平反，還幫助了之前被雍正帝打壓削爵的很多宗室，例如多鐸、豪格、允禩等人，恢復他們的親王地位。總體來看，多爾袞被掘墳鞭屍是歷史使然，而被平反也是歷史的需要。因此，我們不能從單方面看待這一系列歷史事件的發生，需要結合當時的時代背景來考慮。乾隆皇帝不是一位簡單發善心的皇帝，他希望歷史上可以留下他的豐功偉績，被人歌頌萬年，這樣才不辜負自己「十全老人」的美譽。

第五章

王子犯法與庶民同罪

01

豫親王裕興：色字頭上一把刀

在有清一代，八旗宗室受封或襲爵者百餘人，功勳卓著者有之，如以多爾袞、代善、多鐸為代表的清初八大「鐵帽子王」，他們為打下大清江山立下了汗馬功勞；但「鐵帽子王」並不鐵，襲爵者中，因觸犯法律被剝奪爵位者有之。如文中即將提到的裕興、昭槤之流；因受父牽連，被奪取宗室待遇，生活潦倒者有之，如奕賡；在政治鬥爭中敗北者有之，如載垣；因支持義和團運動，最後成為代罪羔羊的更有之，如載勳。在中國的歷史長河中，無論是封建王朝，還是現代社會，法治始終是一條底線，法律面前人人平等，王子犯法與庶民同罪，無論是高高在上的天潢貴胄，還是普通的黎民百姓，只要觸犯了法律，必定會受到懲處。

豫親王的歷史可以追溯到清初：滿人在經略東北、問鼎中原的過程中，有八位宗室立下了汗馬功勞，為表彰他們的功勳，清初曾敕封王爵，俗稱八大「鐵帽子王」，即禮親王代善、睿親王多爾袞、豫親王多鐸、鄭親王濟爾哈朗、肅親王豪格、承澤親王碩塞、克勤郡王岳託、順承郡王勒克德渾。

豫親王的始祖為努爾哈赤的第十五子——多鐸。多鐸因在清初率軍平定陝西、江南期間戰功卓著，晉豫親王，授定國大將軍。其中，「豫」為封號，滿語為「erke」，取雄壯、剛強之意，這一封號充分肯定了多鐸在清初政權的穩固、統一江山的重要性。

裕興，生於一七七二年，死於一八二九年，是多鐸重孫豫良親王修齡的第三子。乾隆五十二年（一七八七），修齡去世，長子裕豐承襲豫親王爵位，隨後裕興被封為不入八分輔國公。

不入八分輔國公，是第十等爵位，離和碩親王還隔著親王世子、多羅郡王、郡王長子、多羅貝勒、固山貝子、奉恩鎮國公、不入八分鎮國公等爵位。而不入八分輔國公又使得裕興失去了很多特權，清朝時期，宗室的待遇以「八分」為最優。「八分」最初是「八份」之意，清朝在入關以前，每次戰鬥若有所俘獲，都均分為八份，每個旗有資格的貴族按照各自的等級參與戰利品的分配。後來，這些人的身分逐漸固定下來，成為貴族的一種等級，具體來說，「入八分」者可以享受清廷的八種待遇：朱輪（紅車輪）、紫韁（乘馬用的紫色韁繩）、寶石頂、雙眼花翎、牛角燈、茶搭子（類似於現代的熱水瓶）、馬坐褥和銅門釘（府門上等釘子），這些特殊的車飾、帽飾、門飾，是王公身分和特權地位的一種象徵。

由此看來，裕興作為修齡的第三子，按照中國古代社會實行嫡長子繼承制的慣例，襲爵之事遠輪不到裕興。那裕興為什麼能襲爵呢？

❖ 天理教之亂與裕興襲爵

說起裕興的襲爵，不得不提到嘉慶年間震動朝野的「癸酉之變」，正是這一事件，導致裕興的長兄、二哥接連受到處罰，裕興最終得以承襲豫親王爵位。

嘉慶十八年（一八一三），天理教首領林清率領教徒在北京起事，甚至一度攻入皇宮，製造了「癸酉之變」。林清是順天大興（今北京大興）黃村人，早年做過藥店的學徒，學會了粗淺的醫學知識，也當過夥計、更夫、書吏、小工、縴夫、衙役、商販等，一直為生計而奔波，嘗盡了生活的艱辛。嘉慶十一年（一八〇六），一個偶然的機會，林清加入榮華會。因林清頗有組織能力，加入榮華會不久被教徒推舉掌管「坎卦」，兼領八卦，傳教河北。他在京畿的紅陽教、坎卦教和滑縣震卦教的基礎上組建了天理教，自任首領，號稱「天理王」。林清平時常為人治病，為人又慷慨仗義，他在錢財方面並不吝嗇，「有告貸者，輒給之，鄉村仰食者萬餘家」，別人向他借錢，他便很大方地送錢給人家，慢慢地，鄉里靠他生活的人有了一萬多家，他很受群眾的擁戴。嘉慶皇帝即位以後，國內的階級矛盾已十分尖銳，白蓮教、廣東天地會先後起事，各地起義不斷，而又有外國勢力不斷侵入。在這種情形下，林清也蠢蠢欲動。嘉慶十七年（一八一二），他與李文成、牛亮臣等人謀劃起事。

嘉慶十八年（一八一三）九月，林清率教徒起義，此時嘉慶皇帝正在今河北省承德市境內的木蘭圍場秋獮，皇城守衛鬆懈，時機千載難逢。九月十五日，林清在北京指揮教徒以「奉天開道」為旗幟，兩百名天理教教徒在京城發動兵變，兵分兩路分別攻入紫禁城東華門、西華門，直搗清廷皇宮重地。其中，一支由陳爽率領、劉呈祥殿後，殺進東華門，並以太監劉得才、劉金為嚮導；另外一支由陳文魁率領、劉永泰殿后，殺進西華門，由太監張太、高廣幅為嚮導。教徒們揮舞鋼刀，打著「大明天順國」、「順天保民」的旗幟，一路殺向皇宮。天理教教徒蓄謀已久，起義極有組織，戰鬥起來勇猛之極，守衛皇宮的清軍措手不及，驚慌失措，節節敗退。一時間皇宮裡殺聲震天，哀鴻遍野。教徒們一直打到了隆宗門外，計畫從門外的廊道翻入皇宮大內的高牆，此為進入紫禁城的最後一道防線，一旦突破，必然會血濺大內深宮，紫禁城也將被天理教教徒全部占據。正在上書房讀書的皇子們得知消息，一片驚慌，王公大臣如驚弓之鳥，束手無策。危難之際，皇次子旻寧很快鎮定下來，這位皇子平時醉心於研究鳥槍，恰恰是這一興趣在危機時刻拯救了他。旻寧立刻命令太監取來鳥槍、櫜鞬和腰刀，衝出上書房迎敵。迎頭趕上兩名天理教教徒爬上養心殿牆頭，正準備朝這邊衝過來。千鈞一髮之際，旻寧在養心殿臺階下端起鳥槍，瞄準牆頭的教徒，首發打死一人，再發一槍又打死一人。兩聲巨響過後，領頭教徒喋血墜地，眾教徒親眼見證火器的厲害，嚇破了膽，再也不敢繼續攀牆發動進攻了，這為清廷平定叛亂贏得了寶貴的時間。旻寧膽魄過人、軍事技能過硬，為這場皇宮保衛戰的勝利奠定了堅實的基礎。事件發生時，他連發五道命令：火速奏報嘉慶帝皇宮事變、關閉紫禁城所有城門、令各路官軍飛速入宮「捕賊」、派皇三子綿愷安慰保護皇母鈕祜祿氏（孝和睿皇后），並親自率兵在西長街一帶訪查。數道命令一下，人心穩，一致平亂。京畿的天理教教徒雖然作戰勇猛，卻因力竭而失敗：林清被捕，清廷對大興、通縣（今通州區）一帶的天理教教眾大肆搜捕，短短四天內將七百餘人屠殺。為回應林清領導的起義，直、魯、豫三省的天理教教徒按約定在華北十幾個州縣接踵發難，聲勢浩大，震動朝野，但雙方的力量對比過於懸殊，在半年內便宣告失敗，起義首領們相繼被處死。因嘉慶十八年（一八一三）為癸酉年，史稱「癸酉之變」。事件發生後，嘉慶帝勃然大怒，偌大皇宮，居然差點被百餘名起義者拿下，而且還有太監等宮內人員參與其中，內外勾結、沆瀣一氣、朝中大亂，君威何在！隨即下令徹查，宮廷內外，與此案有關者，一律從快從重處治。

隨著調查的深入，這把火燒到了豫王府。裕興的長兄，時任豫親王裕豐，因被查出有下屬參與天理教林清之亂，被盛怒之下的嘉慶帝下令奪去親王爵位；而次兄裕瑞，也因為對手下人參與天理教之亂失察被革職，失去繼承爵位的機會。按規定，如某鐵帽子王獲罪奪爵，則以其旁支襲位。裕興因此以第三子的身分承襲豫親王爵位，從清朝宗室爵位的第八級直接躍升至第一級，登上人生巔峰，從此便有了享用不盡的榮華富貴。

❖盛名難副，石榴裙下失爵位

盛名之下，其實難副。裕興平日就是個十足的紈絝子弟、好色之徒，襲爵之後漸漸囂張起來不知天高地厚，仗著自己是王爺，為非作歹、恣意妄為，若是看上了哪家的姑娘，費盡心思也要弄到手。裕興王府上有一位名叫寅格的丫鬟，平日伺候在福晉身邊，風華正茂，風姿綽約。然而，不幸的是，這位美麗的姑娘卻被裕興盯上了。寅格雖是丫鬟，卻潔身自愛，對裕興沒什麼好印象，無論主子怎麼威逼利誘，就是不從。寅格越是不從，裕興越是猴急。但礙於寅格是福晉身邊的人，王府裡人多，裕興一時之間也沒找到下手的機會。

事有湊巧，有一天裕興終於等到了機會，但也讓他踏入了萬劫不復的深淵。據《清史紀事本末》記載，嘉慶二十五年（一八二〇）八月，嘉慶皇帝駕崩，舉國大喪，要在皇宮裡為大行皇帝（嘉慶）舉行儀式，親王、貝勒及福晉等都得前去祭奠，豫親王裕興一家自然得前去參加。然而，色心未改的裕興突然覺得這是個千載難逢的好機會，匆匆行過大禮之後，便趁著眾人不注意，悄悄溜出，乘車回到府中。裕興一看府中人少，福晉未回，便將魔爪伸向寅格。寅格是個性格剛烈的女子，遭此奇恥大辱，悲憤交加，在自己的住所掛上三尺白綾懸樑自盡。福晉回來後，許久不見寅格前來伺候，心中好生奇怪，便派婢女前去尋找，這才發現寅格早已香消玉殞。好好的姑娘怎麼會上吊自殺呢？眾人留心探察，這才發現裕興的暴行。裕興可沒把這當回事，不就是王府死了個下人嘛。大概是由於裕興平素為人過於猖狂、荒淫，這事終於還是紙包不住火，被捅了出去。好事不出門，壞事傳千里，此事一傳十、十傳百，很快就在民間，甚至在皇城廣為傳揚，最後被宗人府知道了。貴為王爺如此荒淫無道，國喪期間不謹言慎行，反而強暴家奴，逼得人家姑娘上吊自殺，這還了得？皇室顏面何在？君王威信何在？宗人府據實寫了奏摺，呈交給道光皇帝。道光皇帝剛剛繼承大統，所謂新「官」上任三把火，正是雄心勃勃預備大展宏圖的時候，聞訊勃然大怒，「國服未除，家喪未滿」之時，強暴女子致人斃命，在當時可謂「不忠不孝，罪孰大焉」，欲將裕興賜死。幸好有惇親王、瑞親王出面講情，裕興才躲過一劫，從輕發落，裕興被革去王爵，由宗人府圈禁三年。

封建時代，女性地位低下，官員權貴強占民女司空見慣，裕興受到的處罰是不是過重了？我們先來看一下當時的判詞，據《刑案匯覽三編》中「親王強姦使女已成致女自盡」一條的記載：「提督奏送豫親王裕興強姦使女寅格已成，致寅格羞忿自縊身死，但寅格係裕興屬下包衣之女，與強姦平人婦女者有間，應於平人強姦已成本婦自盡斬監候上量減一等，擬流，係宗室親王，乃於國服未除，親喪未滿之時，姦污使女，致令自盡，應比照居喪犯奸加重辦理，應革去王爵，發吉林當差，折圈三年。寅格照例旌表。」這一判詞說得很清楚，按照當時的法律，一般平民若是強姦民女而導致婦人自盡的，應判處斬監候，所謂斬監候，就是判處死刑但不立即執行，等待秋審或朝審覆核。裕興作為宗室，強暴的是家僕，量刑時可以減一等，應被流放。但這事發生在國喪期間，時間特殊，在國家大喪之時犯案，罪加一等，所以從重判罰。

在清朝，強暴致人死亡本就是重罪，裕興因強暴包衣之女丟失王爵是咎由自取，本非重判，更何況裕興在國喪期間犯案，從重處罰是理所當然。但道光皇帝為何要下狠手，甚至一度要將裕興賜死呢？因為這一案件發生在道光皇帝即位之初，道光皇帝急需整飭吏治、樹立清明的政治形象，因此，道光帝在詔書中稱：「國家法令，王公與庶民所共。強姦已成，致斃人命，罪犯至重。裕興身係宗室，襲封親王，乃不自愛惜，恣意妄為，大幹法紀。若從未減，則齊民犯此者，又將何以治之。且當國服未除，親喪未滿之日，而裕興輒動於惡。不忠不孝，罪孰大焉。朕不得已，不能不執法懲創。……即革去王爵，交宗人府折圈空室，三年期滿釋放。」道光帝詔書的意思很明確：王公犯法，與庶民同罪，作為王室宗親，毫不自愛，荒淫無道，國喪期間，目無法紀，強暴侍女，不忠不孝，必須從重處罰，以儆效尤。道光帝藉由豫親王裕興案向朝野傳遞了一個信號：國無法不立，法不嚴無威，遵守國家法律法規是每個人的義務，王公犯法與庶民同罪。裕興一案，是清朝後期對皇室宗親進行懲治的重大事件，一定程度上整飭了朝綱。

裕興這個荒淫的王爺，終於罪有應得，被削去王爵、圈禁三年。九年後，一命嗚呼，這個曾經無法無天的王爺，終於把自己「作」死了，去了該去的地方。

俗話說得好，色字頭上一把刀，石榴裙下亂葬崗。無論是高高在上的天潢貴胄，還是普通的黎民百姓，只要觸犯了法律，衝破了底線，都要為自己的行為買單。豫親王裕興身居高位，卻德不配位，他平時道德敗壞、恣意妄為，在大喪期間又犯下滔天罪行，不忠不孝，終至被廢，「鐵帽子王」不是護身符，位高權重不是免死牌，只要違反法律，終究逃不了落馬的下場。

02

「宮廷八卦娛樂記者」禮親王昭槤

愛新覺羅·昭槤出生於乾隆四十一年（一七七六），卒於道光十年（一八三〇），號嘯亭，別號汲修主人，又號檀樽主人，是清太祖努爾哈赤次子和碩禮親王代善的六世孫。

❖ 家學薰陶，御賜重修王府

和碩禮親王是清朝的八大「鐵帽子王」之一，從崇德元年（一六三六）至一九一四年，共傳十三代兩百七十八年，襲爵時間最長，是當之無愧的「清代第一王」。

昭槤的父親禮親王永恩，愛好詩書禮樂，受家學薰陶，昭槤自幼就喜歡詩文詞賦，他閱讀了大量的史學著作，及歷代文人筆記，文史素養很高，他精通滿洲民俗和清朝典章制度，勤於寫作，筆耕不輟，留給世人一部歷史筆記——《嘯亭雜錄》，這本書記載了大量清道光初年以前的奇聞軼事和社會風俗，非常寶貴，更是了解清朝前期歷史知識的重要資料，因此，昭槤被稱為「宮廷八卦娛樂記者」毫不為過。

嘉慶十年（一八〇五），愛新覺羅．昭槤襲封，成為年輕的禮親王。嘉慶十二年（一八〇七），禮親王府不幸失火，昭槤家中的珍寶和印綬全部被燒毀，損失十分慘重。好在嘉慶帝對他照顧有加，特意撥了白銀一萬兩，幫助昭槤重建王府，可見當時的嘉慶皇帝對昭槤關愛有加。但後來發生的事情，就讓人大跌眼鏡了。

❖突遇橫禍，慘遭剝奪王爵

根據史書記載，昭槤是位脾氣不怎麼好的王爺，甚至有人評價他為人「殘刻」，因為這個性子，得罪了不少權貴，導致他後來慘遭革爵。清嘉慶二十年（一八一五）十月，昭槤因「坐陵辱大臣，濫用非刑，奪爵，圈禁」。這件事情在《清實錄．仁宗實錄》中記載得更為詳細：

其一，御史舉報。大臣景祿到大內接班遲到，昭槤因此呵斥景祿，在場的蘇楞額、晉隆等人紛紛勸阻，昭槤卻認為他們是一夥的，嚴加斥責，由此得罪了一批人。而且昭槤還曾辱罵一品大員景安是奴才，亦被景安記恨在心。被昭槤當場呵斥的景祿是當時的刑部侍郎，景安是刑部尚書，按照清朝官制，刑部設尚書一名，為從一品，設侍郎兩名，為從二品，一二品官員在今天就相當於省部級高官了，而刑部又相當於今天的公檢法機關，景祿、景安也是有頭有臉的人物，卻被一個世襲的親王當眾呵斥辱罵，這口氣怎麼嚥得下去？！昭槤的暴脾氣由此可見一斑，這件事也成了昭槤被參後，嘉慶皇帝給他定罪的重要理由。

其二，苛待下人。嘉慶十八年（一八一三），昭槤因莊頭程福海不肯加租，便上了私刑，影響極為惡劣。堂堂親王為何要苛待下人？也許是因為此前王府著火，昭槤「窮」了，為增加收入便逼迫田莊管家程福海增加田租；也有可能是昭槤仗著自己是親王，飛揚跋扈慣了。而當時的清政府規定，國家對農民「永不加賦」，因此，這事兒明擺著是昭槤違反了國家規定，自然遭到了程福海的拒絕。一個小小莊頭居然敢違抗自己的指令，惱羞成怒的昭槤，便派了王府的護衛兵到程家抄家產、毀房屋、割莊稼，又下令把程家父子叔侄六口人圈禁起來，還動了私刑。氣急敗壞的昭槤更是直接打碎一個瓷瓶，用鋒利的碎瓷片在莊頭的背上劃了一百多道傷痕，皮開肉裂，使程福海流血過多暈死過去。這事在當時鬧得沸沸揚揚，昭槤的「殘刻」表現得淋漓盡致。

這位任性妄為、性格暴躁的親王很快就為自己的暴脾氣買了單。事發不久，昭槤就被彈劾了。牆倒眾人推，平時狂妄自大得罪了太多權貴，自然沒有人為他說話。對此，《大清仁宗睿皇帝實錄》有記載：「年十一月二十日，御史果良額奏實獲匿名帖一封，內系詰告禮親王昭槤各款。」禮親王昭槤被人匿名告發，一狀告上嘉慶皇帝，因涉及親王，嘉慶帝非常重視，命令時任工部尚書英和負責查辦此事，並親自召見與此事有關的刑部侍郎景祿，詢問案情，景祿稱昭槤曾經當面折辱過自己和刑部尚書景安。昭槤的這些罪名，經三堂會審後被坐實。嘉慶帝認為，國朝體恤百姓，屢次施恩賑濟災民、減免錢糧，而昭槤濫加租賦，濫用非刑，實在是利慾薰心，為所欲為，有辱親王稱號。而折辱大臣則更為嚴重，景祿、景安均屬朝廷大員，與昭槤是同僚關係而非君臣關係，怎可隨意辱罵？昭槤「妄自尊大，目無君上」、「濫用非刑」、「凌辱大臣」罪行的核心是「目無君上」，也就是挑戰了皇權，故而遭遇橫禍。

最終，嘉慶皇帝連下四道嚴旨：昭槤以「妄自尊大，目無君上」、「濫用非刑」、「凌辱大臣」等罪名被革去王爵，押入宗人府監禁，九百六十畝地產也被悉數沒收。

後來，也許是嘉慶帝覺得自己做得太過了，又對昭槤從輕處罰。史載，嘉慶帝在審閱《聖祖仁皇帝實錄》時，看到了與昭槤類似的案子：多羅平郡王納爾圖無故打死一人，又折斷二人手足，因而被革去爵位。嘉慶帝覺得昭槤雖然濫用私刑，但是被他虐待的人並沒有喪命，於是下令將昭槤解除圈禁，但不恢復王爵。

❖ 潛心著述，文史成就斐然

被解除圈禁之後，昭槤在仕途上一直鬱鬱不得志，漸漸失去了政治熱情，於是專心從事文史研究。他一生最大的貢獻是寫下《嘯亭雜錄》。《嘯亭雜錄》全書洋洋灑灑約三十二萬字，內容豐富，行文流暢，敘述了清代前期政治、軍事、經濟、文化、典章制度以及文武官員的趣聞逸事和社會習俗等，為清史研究提供了豐富的資料。

昭槤身分特殊，身為滿洲宗室貴族，對皇親國戚和文武百官的情況比較了解。他在敘述政治事件時，事無巨細，有聞必錄。書中記錄了反清復明、土爾扈特部東歸等重大歷史事件，同時，也對清朝多位皇帝的性格有詳細著述。因昭槤皇族的獨特身分，他的著述可信度較高，是清史研究的重要材料，可以彌補正史的不足。這本書中，政治、典章制度、遺聞逸事等的史料價值頗為突出，據末代皇帝的堂侄，最後一位恭親王愛新覺羅．毓嶦回憶，溥儀平時並不讀書，有次偶爾翻閱了《嘯亭雜錄》，看到一則典制，寫的是清代皇帝祭祀「堂子」的事情，於是溥儀每天向堂子磕頭，可見《嘯亭雜錄》的影響力之大。

昭槤記錄了清朝的大量政情，留下了很多珍貴的史料，甚至可以據此修改他書的錯訛。如《清稗類鈔》中有《紀昀妙對乾隆》一文頗為有名，大意說，紀昀肥胖怕熱，夏天往往汗流浹背，渾身都濕透了。有一次入值南書房時，紀昀就打了赤膊當了「膀爺」，忽然乾隆皇帝出現，來不及穿衣，便躲了起來。乾隆帝坐了很久也不說話，紀昀因暑熱難耐，便問道：「老頭子走了嗎？」乾隆帝大笑說：「你也太無禮了，為什麼喊我老頭子？說得出理由來就算了，說不出理由就得砍了。」紀昀答道：「萬壽無疆之為『老』，頂天立地之為『頭』，父天母地之為『子』。」乾隆哈哈大笑，這事就過去了。但在《嘯亭雜錄》中，此事則發生康熙年間的何義門身上。南書房在康熙時代地位十分重要，一度成為發布政令的所在。雍正年間軍機處成立，南書房地位有所下降，不再參預機務，專司文詞書畫。因此，此事發生於康熙年間的可能性更大。

昭槤作為清朝貴胄，敢於秉筆直書，記載了很多文臣武將貪婪、自私、怯懦等為人不齒的事，對全面了解當時的社會狀況有重大幫助。如他在《嘯亭雜錄》之《和相善謔》這樣描述和珅：「和相雖位極人臣，然殊乏大臣體度，好言市井詼語，以為嬉笑。嘗於乾清宮演禮，諸王大臣多有俊雅者，和相笑曰：『今日如孫武子教演女兒兵矣！』又安南貢金座獅象空其底者，和詫曰：『惜其中空虛，不然可多得黃金無算也。』」寥寥數筆，便將和珅的市井形象、貪婪之態描繪得淋漓盡致。

道光十年（一八三〇），昭槤去世，結束了他跌宕起伏的一生。該如何評價他呢？他是一位脾氣暴戾的王爺，一個失敗的「鐵帽子王」，卻也是一位成功的史學家、文學家。昭槤出生高貴，早年順風順水，幼年時飽讀詩書，滿腹經綸，將近而立之年襲封爵位，位極人臣，突遭變故，家道中落。他性格驕縱、暴戾殘刻、凌辱大臣、苛待莊戶、濫用私刑，終於自食惡果，被剝奪爵位，遭到圈禁，失去一切。經歲月洗禮，宦海沉浮，終於沉澱下來。昭槤身分特殊，熟知宮廷逸聞逸事和滿洲風俗，這位曾經的「鐵帽子王」奮筆疾書，筆耕不輟，留下了寶貴的史料，以史學家、文學家的身分為後世牢記。

「鐵帽子王」並不「鐵」，不是王公貴冑貪贓枉法的避難所，逆民者亡，順民者存，只有把黎民百姓的疾苦始終放在心中，謹言慎行，發揮光熱，才能被百姓接受，被後世記住。

03

「天下第一廢物東西」莊親王奕賡

愛新覺羅・奕賡是莊襄親王綿課的兒子。因為史料缺失，奕賡準確的生卒年月已經無法考證，大約生活在嘉慶、道光年間，別號愛蓮居士、墨香書屋主人，又曾自稱為「天下第一廢物東西」，室名愛吾廬、又名佳夢軒。從奕賡稱自己為廢物這一情況可以看出，奕賡的一生充滿了沮喪、失望，索性做個閒散文人，避世於郊野。約於道光六年（一八二六）綿課去世，莊親王爵由奕賡的幼弟奕賚承襲。

❖ 錯失襲爵

奕賡屬和碩莊親王一支。和碩莊親王最初叫和碩承澤親王，始祖是碩塞，皇太極的第五個兒子。碩塞曾經與多鐸一起，共同在河南攻擊李自成，後來又隨軍攻破了南京，俘虜了南明皇帝朱由崧。順治十一年（一六五四）碩塞死，他的兒子博果鐸襲爵，改號為莊親王。莊親王一支共傳八世十一王，其中還有兩人被奪爵。

莊親王一脈在清朝鐵帽子王中一直是個尷尬的存在。明清史專家孟森曾經說過：「莊（親）王功績聲望遠在諸王之下，其必湊一世襲罔替之數。」這就是說莊親王無論從功績看，還是從地位看，都遠在其他鐵帽子王之下，只是湊數的世襲而已。因為莊親王雖為鐵帽子王，但並不是嫡妻所生，也不配享太廟。在中國封建社會，宗法制度的核心是嫡長子繼承制，王位和財產必須由嫡長子繼承，正所謂「立嫡以長不以賢，立子以貴不以長」。而莊親王非嫡出，湊數而已，莊親王一脈的地位可謂十分尷尬。

那麼，莊親王一脈是如何承襲的呢？雍正年間，莊親王博果鐸絕嗣，但在承襲王位時，卻沒有按照慣例。雍正帝出於自己的考量，並未選擇讓惠郡王一脈繼承，而是以康熙的十六子允祿過繼給博果鐸，並由允祿繼承莊親王的爵位。允祿在乾隆二十二年（一七五七）去世，由於其子宏普早死，便由允祿的孫子永瑞承襲了莊親王爵。乾隆五十五年（一七九〇），永瑞去世，無子嗣，奕賡的父親綿課遂以侄子的身分繼承了莊親王爵。

❖ 革去頂戴

奕賡並未襲莊親王爵，但因為宗室的身分，擁有一些特權，他在《寄褚備談》中寫道：「余於道光八年，革去頭品頂戴，至道光十一年，授三等侍衛。」在《侍衛瑣言》自序中也說：「余充侍衛六年。」可以得知，奕賡的人生經歷，早年授予「頭品頂戴」，道光八年因事革職，三年後擔任三等侍衛。說到頂戴，它是清朝用以區別官員品級的帽飾，以紅寶石為最高，依次為珊瑚、藍寶石、青寶石、水晶、硨磲、素金、鏤花陰文金頂、鏤花陽文金頂。一般而言，革去頂戴就意味著官員被革職或降職。那麼奕賡被革去的「頭品頂戴」是指官職嗎？奕賡在《東華錄綴言》卷五記載：「乾隆四十七年壬寅定：王公子弟及歲時賞給頂戴，親王子頭品。」由此可知，這裡的「頭品頂戴」，既不是爵位，也非官職，而是清王朝為其宗室設立的一種特殊榮譽。

奕賡為何被革去「頭品頂戴」？道光八年（一八二八）發生了震驚朝野的寶華峪地宮滲水事件，奕賡一家因為此事受到了牽連，而他本人也被摘去了「頭品頂戴」。寶華峪是道光帝欽定的陵寢，按照清朝的定制，新皇帝登基之後便要選擇「萬年吉地」修建陵寢。道光元年（一八二一）九月，道光帝正式下詔書修建陵寢，把陵寢的位置定在了東陵境內的繞鬥峪，並任命了四名陵工承修大臣，分別為莊親王綿課、大學士戴均元、戶部尚書英和、兵部左侍郎阿克當阿。該年十月，陵寢正式破土動工，道光帝認為「繞鬥峪」名字不吉利，改名為「寶華峪」。道光七年（一八二七），寶華峪陵寢正式竣工，剛剛竣工的陵寢恢宏壯麗，相當氣派，道光帝親自驗收後龍顏大悅，為承修大臣們加官晉爵，並親自送孝穆皇后的棺槨葬入地宮。然而，陵寢竣工不到一年的時間，卻發生了地宮滲水問題，好好的地宮為什麼會滲水？眾說紛紜，大致有兩個原因：一是陵寢土質問題，不完全符合建陵的要求，如離地下水源過近，就會有地宮滲水甚至進水的可能；二是由於設計失誤，地宮下面沒有留龍鬚溝，致使滲水流不出去，導致積水。這是重大的工程事故。道光皇帝派貝子奕緒專門核查，發現「已有潮濕，及現有水痕」。道光皇帝雷霆震怒，接連發了十幾道諭旨，一一降罪，如戶部尚書英和「著先革去頂戴，拔去花翎，革職」，戴均元被革去官銜，降為三品頂戴，綿課因已去世，免於處罰。後來，道光帝又親自去陵寢查看，見到積水滿地，棺槨浸濕，又惱怒又傷心，便認為自己處置得太輕了，又下令把莊親王綿課的兒子也處理了，王先謙在《東華錄》中曾有詳細記載：「奕睿著革去不入八分輔國公，奕叡著革去鎮國將軍、委散秩大臣，奕興著革去輔國將軍，奕賡著革去頭品頂戴。」這還不解恨，半個月後又嚴令相關官員罰賠白銀，而莊親王一家就賠了十萬兩白銀，這直接導致了莊親王一家的家道中落。

❖侍衛生活

奕賡並未承襲王爵，卻因為父親的過錯，受到了牽連，運氣著實不好。奕賡曾在宮廷做過六年的御前侍衛，雖然不是正式官職，卻可以戴花翎、用寶劍，出入宮廷，跟在皇帝左右，若表現出色，還能進一步升遷，或者一步登天。根據奕賡自述，清廷侍衛的生活還是比較優渥的，其所撰《侍衛論》是這樣描述的：「問尊兄榮任是在何衙署？鞠躬道小弟當轄在『大門』。雖然難比翰林爵位，要知道比上步軍是人上人。兩匹官馬養妻贍子，料季兒每個月總賣四五千文。值門時外領班錢內吃官飯，圍蕩兒無論大小俱有幫銀。」侍衛吃官家飯，社會地位也高，每月收入不少，足夠養活妻子兒女，此時應是奕賡人生中生活比較優越的階段，用奕賡自己的話說就是「最是畢生得意處，每至年終領掛銀」，奕賡每每回憶，不禁感嘆，這是其一生中最得意的時候，那時候真好啊，被官家養著，每到年終的時候還有白銀領，不愁吃不愁穿。奕賡曾在《侍衛瑣言》中寫下一篇《茶房銘》：「品不在高，有爵則名。年不在深，有錢則靈……可以下象棋、吃燒餅。」言語通俗易懂，生動形象地反映了當時宮廷侍衛的生活狀況。然而，奕賡一介文人天生傲骨，不願隨波逐流，說話耿直，在不經意間得罪了某些人。他曾經寫文諷刺部分侍衛：「有那胎裡紅出身豪門貴公子，靠祖父的餘德蔭及自身。全不想朝廷命官何等尊貴，全不想有何德能可愧於心。恁勢力眼空步闊言談狂妄，仗銀錢買轉了奴才敬若尊神。……最可羨是天公斡旋真個巧，怎麼就把這一群濟世的英雄都聚在大門！」辛辣地諷刺八旗子弟躺在祖宗的功勞簿上，享受著榮華富貴，表面上光鮮亮麗，實際上卻是胸無點墨的酒囊飯袋，他們徒有華麗的外表，骨子裡卻趨炎附勢、嫌貧愛富、媚上欺下，無情地揭示了八旗子弟的庸俗和沉淪。或是這直言無忌的性格，使得奕賡的侍衛生活戛然而止。

❖著述頗豐

奕賡自稱是「天下第一廢物東西」，他在《侍衛瑣言補》中寫道：「錄《瑣言》畢，追憶見聞，補書數條，非自異，聊以驅睡魔、解愁煩，所謂於世無益我有益也。天下第一廢物東西書於佳夢軒之只此書舫。」寥寥數語，記錄了他寫書的初衷，即：閒來無事、旨趣所在，寄情筆墨、打發時間。奕賡在文學方面的造詣很深，著述頗豐，現留存下來著作為《佳夢軒叢著》，包括十一種著述，共計二十一卷，如《東華錄綴言》六卷，是奕賡讀《東華錄》時所做的讀史隨筆，共記事二百餘則，涉及典章制度、人物生平、風俗民情、邊疆藩服，內容十分豐富；如《清語人名譯漢》二卷，奕賡在此書中記錄滿族人名一千零六十一個，配有音譯對照，對於清史研究很有參考價值。

奕賡還有一個身分是子弟書作家。何為子弟書？子弟指的是八旗子弟，子弟書是清代由八旗子弟首創並流行的講唱文學。子弟書最初是由戍邊的八旗子弟將邊疆的俗曲、薩滿教的巫歌「單鼓詞」的曲調融合在一起，編詞並在演唱時配上八角鼓擊節，抒發思鄉之情和軍中之事。乾隆初年傳入北京，部分八旗子弟參照當時民間鼓詞形式，創造出一種以七言為體、沒有說白、以敘述故事為主的書段，正式定名子弟書。

奕賡在滿族民間文藝方面有著突出造詣。道光二十四年（一八四四），家道中落的奕賡遷居盛京（今瀋陽），並與當時子弟書西派代表韓小窗交往密切，之後，他專門從事子弟書和詩詞燈謎的創作。他雖出身貴族，但家道中落，晚年更是窮困潦倒，平民化的生活為他從事子弟書創作提供了契機。他善於用嘲謔的口吻揭露世態炎涼、諷刺奸偽小人，可以說，其筆墨生涯是與普通旗民的喜怒哀樂緊密聯繫在一起的。奕賡流傳在世的作品有《鶴侶自歎》、《侍衛論》、《老侍衛歎》、《少侍衛歎》、《女侍衛》、《趕靴》、《劉高手治病》、《齊人有一妻一妾》、《黨太尉》、《黔之驢》、《柳敬亭》、《鳳儀亭》、《寄信》、《瘋僧治病》、《集錦書目》等十餘種，這些作品獨具一格，語言生動活潑，情節引人入勝，波瀾壯闊中又極富喜劇色彩。

❖ 晚景淒涼

奕賡晚年的生活潦倒不堪，十分淒慘，根據他的《鶴侶自嘆》所述，其晚年生活是道不盡的淒涼：

籲乎今世命弗佳，半生遭盡堪嗟。
十年回首如春夢，數載韶光兩鬢鴉。
……
這如今事事無成皆畫虎，
平生豪氣盡消溺，
鬢毛短處人應笑，
髀肉生時我自嗟。
說什麼煮酒論文談志量，我只有野老農夫問桑麻。
說什麼萬言策論陳丹陛，我這裡沒齒甘為井底蛙。
說什麼高攀桂樹天香遠，我這裡只向荒山學種瓜。
說什麼玉宇瓊池霓裳曲，我這裡夜半山村奏暮笳。
說什麼淺斟低唱銷金帳，我這裡柴米油鹽醬醋茶。
休提那絲聯楓階銀潢派，休提那勳名盟府五侯家。

這如今貂裘已敝黃金盡，只剩有凌霜傲骨冷牙槎。
我怎肯多買胭脂將牡丹畫，只我這棲老寒巢一枝斜。
我雖不肯自抑襟懷生嗟歎，也未免午夜捫心恨無涯！
……

晚年的奕賡，避居鄉野間，終日問桑麻、學種瓜、奏暮笳，只關心柴米油鹽醬醋茶，當年那個躊躇滿志的貴族青年已垂垂老矣，棲居寒舍，無限淒涼。但同時，苦難也造就了他，正如高爾基所說，苦難是一所大學。如果沒有經歷困苦，奕賡可能也就在舒適生活中淪為一名碌碌無為的清朝貴胄，也就不會有那麼多著述留給後世了。

奕賡的一生，是跌宕起伏的一生。他出身親王世家，本該擁有優渥生活，無奈遭遇變故，家道中落；無緣親王爵位，也無半點官職，卻要為家庭所累，終由貴族淪為平民；一生大起大落，見證世態炎涼，歷經人生百態；才華橫溢、滿腹經綸，文學素養極高，醉心平民藝術。他豐富的人生閱歷，終於落筆生花，畢生著述無數，在文史領域、子弟書領域留下了濃墨重彩的一筆，為後世留下了寶貴的財富。

04

辛酉政變：皇權與王權之爭

英法聯軍侵華，咸豐皇帝逃往熱河並崩逝於此，臨終遺詔，傳位幼子，並精心布局，力圖權力制衡，而輔政大臣擅權，危機重重；太后、奕訢集團試圖奪權，皇權與王權之爭愈演愈烈，最後發生政變，權力集團重新洗牌，慈禧登上政治巔峰，清朝政局發生了翻天覆地的變化。

咸豐帝病死後，慈禧太后聯合恭親王奕訢發動了一次宮廷政變，打倒了顧命八大臣，兩宮太后輔佐載淳，總攝朝政，因為這一年是辛酉年，史稱辛酉政變，又因這一年改年號為祺祥，又稱為「祺祥政變」。

❖史上最慘皇帝

咸豐帝愛新覺羅．奕詝，是清朝定都北京後的第七位皇帝，也是清朝乃至中國歷史上最後一位有實際統治權的皇帝，他於一八五〇年繼承大統，崩逝於一八六一年，共在位十一年。

整體上來說，咸豐帝是一位勵精圖治、勇於革新的統治者。他即位後便勤於政事，大刀闊斧地實行朝政改革。為了挽救政治危機，咸豐帝選賢任能，力圖力挽狂瀾，重振朝綱，他提拔重用漢族官僚曾國藩等人，依靠湘軍武裝，推動鎮壓太平天國運動；他提拔敢於任事的肅順等人，大力支持肅順改革弊政，懲治貪官污吏。同時，他又罷斥了道光朝軍機大臣穆彰阿、耆英等，將權力緊緊掌握在自己手中。但此時的大清帝國，已是內憂外患，風雨飄搖，在西方列強的堅船利炮的輪流炮轟之下，清軍節節敗退，在咸豐帝當政期間，清廷簽下了一系列不平等條約。

咸豐帝被認為是史上最慘的皇帝：他先天不足、體弱多病，幼年喪母，經歷人生大慟，年紀輕輕便油盡燈枯，崩逝於熱河行宮，這是一慘；他繼位沒幾年，便發生了中國歷史上規模最大的農民運動——太平天國運動，此後十年便一直在剿殺太平軍的陰影中度過，在他逝世三年後，太平天國運動才以失敗告終，但清王朝的統治也遭到沉重打擊，這是二慘；正當疲於應付太平天國運動之際，西方列強又來「湊熱鬧」，英法聯軍侵華，發動第二次鴉片戰爭，三山五園被焚，清政府毫無招架之力，被迫割地賠款，外患不斷，這是三慘。可以說，咸豐皇帝駕駛的是一艘已經千瘡百孔的破船，稍有風雨，就會滑入萬劫不復的深淵。身為帝國的統治者，咸豐皇帝責無旁貸，他勵精圖治卻無力回天，面對危機，他痛心疾首，卻又無可奈何，帶著滿心遺憾逝去。

至於咸豐帝為什麼會病死於熱河，而非北京，這與英法聯軍侵華有直接關係。咸豐六年（一八五六），第二次鴉片戰爭爆發，英、法兩國為進一步打開中國的市場，爭取在華利益，趁著太平天國運動之際，在美俄的支持下，分別以亞羅號事件及廣西西林教案（又可稱馬神甫事件）為藉口，聯手進攻清朝。一八六〇年，英法聯軍攻入了北京，京城震動。咸豐皇帝匆忙帶著他的皇后鈕祜祿氏（後來的慈安太后）和懿貴妃葉赫那拉氏（後來的慈禧太后）以及一班親信，逃到了熱河（今承德），英法聯軍闖入圓明園大肆掠奪，製造了震驚世界的「火燒圓明園」事件，第二次鴉片戰爭以清政府被迫簽訂喪權辱國的《北京條約》而結束，而且清政府還被迫向沙俄割讓一百五十多萬平方公里的領土。

歷經戰爭慘敗，目睹山河破碎，咸豐帝意志日漸消沉。在熱河行宮中，咸豐帝不問政事，只圖今朝有酒今朝醉，日日笙歌、逍遙快活。他沉醉於溫柔鄉，流連於歡樂場，終日酩酊大醉，並吸食鴉片，自暴自棄，以至於掏空了身體，最終客死承德。

❖ 彌留之際的權力制衡

咸豐十一年，咸豐帝病死於承德避暑山莊。彌留之際，他權衡再三，留下遺詔，《清代檔案史料叢編》第一輯記載了咸豐帝臨終遺詔的內容：「皇長子載淳現立為皇太子。著派載垣、端華、景壽、肅順、穆蔭、匡源、杜翰、焦祐瀛盡心輔弼，贊襄一切政務。特諭。」因為載淳年僅六歲，咸豐帝在遺詔中，安排怡親王載垣、鄭親王端華、額駙景壽、協辦大學士肅順，以及軍機大臣穆蔭、匡源、杜翰、焦祐瀛等八人為「贊襄政務王大臣」，令八大臣「盡心輔弼，贊襄一切政務」。同時，咸豐帝在臨終前，又授予皇后鈕祜祿氏「御賞」印章，授予皇子載淳「同道堂」印章（實際由慈禧掌管），並且頒詔說，此後新皇帝所頒的一切詔書，須同時印有這兩枚御章才算有效。隨後，載淳繼位，定年號為「祺祥」。

從制度設計上來看，這一安排是深思熟慮的結果，既符合祖制，又可以最大限度地保障皇權。但從實際操作來看，則埋下了巨大的隱患。按照清朝的制度，因皇帝年少而安排顧命大臣是有據可依的，順治初年有多爾袞、濟爾哈朗輔佐政務，康熙初年則有索尼、蘇克薩哈、遏必隆、鰲拜輔佐在側，同治帝載淳六歲便登基，安排輔政大臣在側也是合情合理的。反倒是「母后垂簾聽政」在清中前期並無據可依，支持「垂簾聽政」的人，引用的無非是漢朝的鄧皇后、宋朝的宣仁太后、明神宗之母李太后等漢家例子，因此，母后不得干政也是情理之中的安排。按咸豐帝的本意，八大臣輔政且要獲得兩宮太后認可的制度，既可以讓權力中樞取得最大共識，有利於清廷政局穩定；也能實現權力間的相互牽制，進而保證皇權永固。但這一安排，隱患頗多。在清朝初年，顧命大臣是帶有議政王大臣會議遺風的，這些顧命大臣往往因為與皇權有衝突，下場很慘。康熙、雍正、乾隆三代以來，伴隨著皇權的不斷加強，議政王大臣會議的作用被逐漸削弱，雍正時期，設立軍機處，「軍國大計，罔不總攬」，軍機處總攬軍政大權，成為輔助皇帝處理政務最重要的中樞機構，完全置於皇帝的直接掌握之下，等於皇帝的私人祕書處。而八大臣的構成：載垣、端華、景壽、肅順為宗室貴族，而穆蔭、匡源、杜翰、焦祐瀛則為軍機大臣。到底是在議政王大臣會議的框架下輔政，還是在軍機處的框架下輔政？這必然會產生衝突。在具體施政時，就會遇到很多困難，譬如擬旨時，所發廷寄（清公文名稱，清皇帝給地方官員的諭旨）開頭語就為「軍機處、贊襄政務王大臣字寄」，既不是傳統的「軍機大臣字寄」，也非「贊襄政務王大臣字寄」，這從側面反映出八大臣施政的困局，既要在軍機處的框架下維護皇權的絕對權威，又要在議政王大臣會議的框架下獲得一定的施政自由，可即使是極具政治經驗的大臣也很難做到相對平衡。第二，遺詔規定，以皇帝名義下達的諭旨，須以「御賞」作為「印起」，以「同道堂」印作為「印訖」，諭旨只有前後同時加了「御賞」與「同道堂」兩枚印章，才能生效，這就使皇權的象徵始終牢牢掌握在兩宮皇太后手中。八大臣有行政之實，卻無皇權之名；兩宮太后則是有皇權之名，卻無行政之實。這樣一來，權力的執行與權力的象徵必然會產生不可調和的矛盾，特別是擁有皇權之名的兩宮皇太后，想要代為行使皇權之即時，八大輔政大臣必將處於非常不利的地位。第三，咸豐帝的遺詔，過於打擊近支貴族，道光皇帝的諸子奕訢、奕譞、奕詥、奕譓都被排除在政治決策核心之外。八大臣中的載垣、端華、景壽、肅順以近臣而獲任命，咸豐帝近支卻遭排斥，特別是當時的恭親王奕訢，才華卓越，剛以《北京條約》換來和局，正以親王身分管理總理各國事務衙門，聲望日隆，咸豐帝卻沒有對他進行妥善安排，進一步加劇了緊張的局勢。

❖兩大政治集團的形成

咸豐皇帝在逃往熱河之前，曾留下恭親王奕訢留守北京，協理政務，同時全權負責向英法聯軍求和事宜，奕訢獲得名義上的權力。而奕訢抓住這個機會，在求和過程中，深諳斡旋之道，獲得了西方勢力的支持。但當時清政府的實權並未掌握在奕訢手裡，而是掌握在跟隨咸豐帝逃往熱河的載垣、端華、肅順等一班近臣手中，這些人視奕訢為政敵，千方百計地排擠他，不讓他隨駕到熱河。很明顯，在咸豐帝逃往熱河後，在皇權之下逐步形成了分別以奕訢、肅順為代表的兩大政治集團。

奕訢是道光皇帝的第六子，才能出眾，氣宇不凡，早年深得道光帝的喜愛，後在道光帝后期的考察中失去了繼承大統的機會，道光帝最終選擇了資質相對平庸的咸豐。咸豐帝即位之初，對奕訢極力拉攏，遵照道光帝遺命封其為恭親王，詔恭親王奕訢為軍機處行走，由其掌管軍機處，權傾朝野；後奕訢因為孝靜成皇后（奕訢生母，奕詝養母）喪儀事件，被逐出軍機處，一度賦閒在家。

就在奕訢被免職的同一年，肅順被咸豐帝破格提拔，授予大權，由御前侍衛提拔至左都御史、禮部尚書、戶部尚書，英法聯軍來犯，肅順隨咸豐帝以「北狩」為名逃往熱河，在咸豐帝彌留之際成為八大輔政大臣之一。肅順當權之時，以鐵腕手段，整飭官場政風，果斷處置了戊午科場案、戶部鑄錢局案、戶部銀庫貪盜案，嚴懲了文淵閣大學士柏葰、廣州將軍者英等貪官污吏，使當時的官場風氣為之一新。

奕訢和肅順的交惡起於戶部鑄錢局案，當時為了鎮壓太平軍，清廷連年征戰，國庫虧空，財政情況惡劣到連軍餉都發不下去了。為了解決燃眉之急，咸豐帝採用了兩大措施：一是鑄大幣，用現代話說，就是直接推動通貨膨脹。咸豐帝下令，「戶部會同工部錢法堂妥速籌辦」開鑄大錢事宜，命令各鑄錢局（相當於現在的印鈔廠）鑄造新錢。新錢的面值一般都較大，以當時江南的寶蘇局為例，這個鑄錢局先後鑄就了當十大錢、當五十大錢、當百大錢，後來又設立分局，趕鑄了當十、當五十、當百大錢，並將大錢運用到糧臺（清代行軍時在沿途設置的經理軍糧的機構）和軍隊中。這種飲鴆止渴的方式，雖然短時間內緩解了財政缺錢的窘境，卻產生了極大的負面影響，一方面大錢濫發，容易引發通貨膨脹，另一方面，也容易滋生腐敗。很快，民間便拒用這類大錢，大錢的流通趨於停滯。二是收釐金，即徵收商業稅。為籌措江北大營鎮壓太平軍的軍餉，清廷在揚州里下河設局勸捐，方式多樣。其一是農田稅，按照地畝肥瘠和業田多寡抽捐農田稅，每畝起捐八十文至二十文不等。其二是對米商徵稅，向揚州附近的仙女廟、邵伯等地米行徵稅，規定每一石米需要捐錢五十文。不久，這種方法推行到里下河沿線各州縣米行，並逐漸擴大到其他行業商鋪，一律照捐抽釐，約百分之一，之後釐金制度在全國各地推廣開來。兩項措施的施行，增加了國庫收入，但滋生了腐敗的土壤，給了官員可乘之機，他們大肆斂財，中飽私囊。肅順上任後，以雷霆萬鈞之態堅決一查到底，結果竟然將包括恭親王奕訢在內的大小七十多名官員牽連其中。看到這一結果，咸豐帝大為震怒，令肅順予以嚴懲。恭親王奕訢不得不推出自己的管家當「代罪羔羊」才得以免受懲罰，但還是受到咸豐帝的斥責，從此，奕訢和肅順結下了血海深仇。

咸豐年間還發生了一場科舉舞弊案，這年考生羅鴻祀試圖賄賂主考官柏葰的家人，妄圖借此考中舉人，然而事不如願最終案發，因該案件發生於戊午年，又被稱為「戊午科場案」。在如何處置柏葰的問題上，肅順和奕訢所持的立場截然不同：

柏葰與奕訢素有交情，因此在柏葰的問題上，奕訢爭取力保柏葰，而肅順則鐵面無私，按律力爭。咸豐皇帝最初念及柏葰過去的功勞，有意從輕發落，肅順則痛陳科舉是國家選拔人才的制度，必須嚴格執法、明正典刑。最後，咸豐帝同意了肅順的處置方案，將柏葰斬於菜市口，柏葰也成為中國歷史上因科場舞弊被處死的級別最高的官員之一。柏葰的死，又進一步加深了恭親王奕訢對肅順的憎恨。

英法聯軍侵華，京師陷落，咸豐帝留下奕訢在北京與外國人斡旋，自己則帶著肅順、端華、載垣等官員親信外逃熱河，更加劇了這種矛盾。咸豐帝逃往熱河前夕，授命恭親王奕訢為全權欽差大臣，留守北京，並把與英、法等國議和這種被「視為畏途」的苦差事交他辦理。這成為奕訢集團建立起來的契機。在議和過程中，奕訢推行妥協的方針，受到了西方列強的賞識，稱他「聰明才達，必有權能」。議和達成後，英法聯軍撤至天津，暫時解除了對京師的軍事威脅，而奕訢也作為封建王朝的「拯救者」而聲望日隆，在他周圍漸漸聚集起一批親貴重臣，成為以文華殿大學士桂良、戶部左侍郎文祥為核心，以滿漢大員沈兆霖、寶鋆、勝保為骨幹的政治勢力。

咸豐帝留下奕訢在北京負責與英、法、俄談判，表面看是「委以重任」，可實際已經將他邊緣化，奕訢需將北京處理各類日常事務一一報往熱河，處處都帶著「不信任」。在這種情況下，肅順等人若在咸豐帝耳邊煽風點火，那對奕訢絕對不是好事，所以，奕訢多次以「穩定朝局」為由奏請咸豐帝回京，卻一再遭到咸豐帝的拒絕。咸豐帝的這種態度，進一步加劇了奕訢與肅順之間的矛盾。後咸豐帝崩逝於承德避暑山莊，臨終托孤，設立八大輔政大臣。至此，以肅順、奕訢為首的兩大政治集團正式形成。

以肅順為核心的政治集團，以載垣、端華、肅順為代表，他們是在咸豐帝周圍進行內外決策的重要骨幹，是清王朝的實際掌權者。他們的執政方針是：在政治上維護清王朝的統治，對內鎮壓太平天國農民起義，力舉革除弊政，重視人才選用；在對外關係上，他們對外國侵略勢力既疑慮懼怕又盲目抵制；同時阻止咸豐帝從熱河回北京，極力反對奕訢等近親到熱河來看望重病的咸豐帝。而以奕訢為核心的政治集團，作為清政府和談的全權代表，議和有功，政治地位越來越高，影響力日益增大；又據守北京，與清政府在京津一帶的武裝力量聯繫緊密，且有兵部侍郎勝保的軍隊為依靠，基礎牢固；奕訢負責總理各國事務衙門，外事大權在握，位居六部之上。咸豐帝偏居熱河帶來了始料未及的後果，即奕訢在議和中漸攬大權，形成了新的政治集團；肅順則在熱河攬權立威，日益驕橫，睥睨一切，兩大政治集團的矛盾愈演愈烈。

❖權力旋渦中心的搏擊者慈禧

慈禧，葉赫那拉氏，安徽徽寧池廣太道惠徵之女，滿族鑲藍旗人，咸豐帝的妃嬪，同治帝的生母。她於咸豐元年（一八五一）被選入宮，賜號懿貴人，咸豐四年（一八五四）晉封懿嬪；咸豐六年（一八五六）因生下皇長子愛新覺羅·載淳，晉封懿妃，次年晉封懿貴妃。咸豐十一年（一八六一）咸豐皇帝駕崩，其子載淳繼位。載淳即位後，尊先皇帝皇后鈕祜祿氏為母后皇太后，徽號慈安，尊自己的生母懿貴妃為聖母皇太后，徽號慈禧。慈禧是清朝末年中國政壇上一位叱吒風雲的人物，從一八六一年至一九〇八年，她是清朝的實際統治者。而她登上歷史舞臺，開始其漫長的政治生涯，走上權力巔峰的起點，就是「辛酉政變」。

慈禧作為一名後宮女子，為什麼能在這場權力之爭中脫穎而出呢？一是基礎雄厚。葉赫那拉氏相貌美麗，深受咸豐帝寵愛，並且生下了咸豐帝唯一的兒子，後來的同治皇帝。她坐上皇太后寶座時，不過二十餘歲，精力旺盛，政治資本雄厚。二是聰明能幹。咸豐帝逃奔熱河後，意志消沉，終日縱情酒色，身體每況愈下，無法批閱奏摺，便讓懿貴妃批閱奏摺，她工於書法，聰明伶俐，很快就掌握方法，處理起政務來得心應手。因為這樣的歷練，慈禧逐漸了解國內外形勢，熟悉了清廷的典章制度，了解大臣的言行品性。三是極具政治頭腦。雖是女流之輩，處理起軍國大事來，卻張弛有度，深得咸豐帝賞識。在第二次鴉片戰爭和鎮壓太平天國運動的過程中，慈禧多次向咸豐皇帝進言，都被採納。正是以上因素，喚起了慈禧內心對權力的極度渴望。

咸豐帝的突然駕崩使熱河成為權力爭奪的旋渦中心，兩宮太后、八大輔政大臣還有遠在北京的奕訢等人，都對權力的巔峰摩拳擦掌、蠢蠢欲動。

那慈禧為什麼要發動辛酉政變？原因主要有以下兩點：

一是八大顧命大臣的直接威脅。肅順曾建議咸豐皇帝效仿鉤弋夫人的故事「殺母立子」，除去葉赫那拉氏以絕後患。咸豐皇帝去世後，「顧命八大臣」開始把持朝政，並不把慈禧及年幼的皇帝放在眼裡。這時發生的兩件事加重了葉赫那拉氏的危機感：一件事是咸豐帝病逝當天，皇后鈕祜祿氏循例被尊為皇太后，率眾嬪妃在大行皇帝靈前祭奠，但作為同治皇帝生母的葉赫那拉氏並沒有在當天晉封，或許是肅順等人為抑制葉赫那拉氏而有意為之；另一件事是肅順等人擬實行「八大臣贊襄輔政制度」，凡「詔諭疏章黜陟刑賞」等事，都要由八大輔政大臣擬定處理意見，太后只有蓋章的權力，沒有更改內容的權力。在這樣的背景下，葉赫那拉氏意識到：第一，兒子載淳的皇權可能旁落；第二，自己極有可能成為下一個鉤弋夫人，會被肅順等人找機會除掉。於是，慈禧太后便頻繁聯繫遠在北京的奕訢、奕譞等人，讓他們以奔喪之名赴熱河與兩宮太后密謀政變之策，而這個舉措也得到了奕訢等人的鼎力支持。

二是慈禧太后自身對權力的渴望。慈禧太后生於官宦世家，從小對權貴的耳聞目染，使其深深了解權力的重要性。選秀進宮後，更是憑藉其出眾的靈氣和運氣，一步步走上人生巔峰。慈禧有強烈的權勢慾，據《慈禧傳信錄》記載，早在一八五六年，咸豐帝「焦憂致疾，遂微倦勤」，慈禧就「窺狀漸思盜柄」。其子載淳繼位後，慈禧作為皇帝生母，與向來不預聞政事的慈安同被尊為皇太后，實際掌握「鈐印」的權力。她竭力拉攏慈安太后以共同垂簾聽政，以推翻咸豐帝遺命，意欲奪取清廷大權。

❖危機重重下的宮廷政變

八大臣輔政之初，內有兩宮太后的掣肘，外有奕訢、奕譞的牽制，既無皇權之名，卻要行政務之實，自然是危機重重。其當政之初，即遇上幾個棘手的問題：

第一個是兩宮皇太后的地位問題。咸豐帝駕崩後，其皇后鈕祜祿氏循例被尊為母后皇太后，懿貴妃葉赫那拉氏被尊為聖母皇太后。母后皇太后是先帝的正宮皇后，聖母皇太后是母憑子貴當上皇太后的，也就是新皇帝的生母。按照禮制規定，生母嫡母並尊，但母后皇太后地位應略高於聖母皇太后。這一安排本身是符合祖制的，順治初年，順治帝生母被尊為聖母皇太后，孝端文皇后被尊為母后皇太后。康熙初年，康熙帝生母佟佳氏被尊為聖母皇太后，而順治帝的皇后被尊為母后皇太后。但到了一八六一年九月，據《清史稿》記載：「上母后皇太后徽號曰慈安，聖母皇太后徽號曰慈禧。」可見，慈禧取得了與慈安一樣的地位。本來，八大臣有分化兩宮太后的機會，在最開始，八大臣如果支持兩宮地位平等，可以拉攏慈禧，或者在最後，八大臣堅持慈安地位高於慈禧，則可以拉攏慈安。然而，八大臣既未拉攏慈禧，也未拉攏慈安，這使得兩宮太后最終走向結盟。

第二個是道光帝諸子奕訢、奕譞、奕詥、奕譓奔喪的問題。《清史稿》中記載：「乙巳，免惇親王、恭親王、醇郡王、鍾郡王、孚郡王尋常召」。換言之，顧命八大臣禁止近支王公們給咸豐帝奔喪。從出發點看，這是避免近支貴族與兩宮皇太后聯手的好辦法；但從道義上看，則沒有理由可以立足。只要近支貴族強烈要求，這一禁令便很難執行，更不可能因為一紙禁令斬斷近支貴族與兩宮皇太后共同的利益訴求。因此，便發生了醇親王奕譞硬闖梓宮的事件，隨後恭親王奕訢奏請入謁時，八大臣就無法阻止了。據溥儀回憶：「肅順等人用留守責任重大的上諭堵他，沒能堵住。肅順又用叔嫂不通問的禮法，阻他和太后們會見，依然沒有成功。關於恭親王與太后的會見，有的說是恭親王化裝成薩滿進去的；有的說是恭親王直接將了肅順一軍，說既然叔嫂見面不妥，就請你在場監視好了，肅順一時臉上下不來，只好不再阻攔；還有一種說法是恭親王祭拜咸豐靈位時，慈禧太后讓安德海送一碗麵賞給恭親王吃，碗底下藏著慈禧寫給奕訢的懿旨。總之，「反正恭親王和太后們把一切都商議好了」。不管八大臣如何防範，兩宮太后還是和恭親王等人結成了同盟。

第三個是擁有皇權之名的皇太后「垂簾聽政」的問題。八月初六日，御史董元醇向朝廷遞交《奏請皇太后權理朝政並另簡親王輔政折》，奏摺稱皇帝年幼，無法正常行使職權料理國家大事，請求由皇太后權理朝政，並挑選近支親王輔政。這一奏摺直接衝擊了八大臣輔政體制，遭到了八大臣的強烈抵制。據記載，兩宮皇太后召見八大臣時，肅順等大臣「勃然抗論」，一再聲明「不能聽太后之命」，甚至嚇得小皇帝「遺溺後衣」。最後，八大臣負氣「不視事」，即八大臣不到職辦公，迫使兩宮皇太后讓步，以「祖制無垂簾之禮」為辭駁回奏摺，並貶了董元醇的官。此次爭執，八大臣看似勝利，實則大敗。從道義上看，嚇哭皇帝，似有逼迫孤兒寡母的嫌疑；從手段上看，以消極怠工為要脅，並沒有實質性殺傷力，反而顯得有些黔驢技窮；從結果看，這次爭執並沒有削弱兩宮皇太后的權力，反而進一步確認了兩宮皇太后手中皇權的神聖。

八大臣一方明顯輕視了反對派的力量。再看看兩宮皇太后的策略，她們積極密謀剷除八大臣，拉攏奕譞、奕訢等王公，同時，積極聯繫握有兵權的勝保、僧格林沁等人。九月四日，鄭親王端華署理行在步軍統領，醇郡王奕譞任步軍統領，奕譞獲得部分軍權。奕譞因娶慈禧的妹妹為福晉，毫無疑問，將站在兩宮皇太后一邊。九月二十三日，兩宮皇太后帶著小皇帝載淳離開熱河，因為下雨，道路泥濘，行進速度遲緩，同治皇帝奉兩宮皇太后間道疾行，比靈駕提前四天回到京師。抵京後，兩宮皇太后做的第一件事情就是召見恭親王奕訢，商量發動政變事宜。而肅順、陳孚恩、醇郡王奕譞則在後護送梓宮回京。九月三十日，大學士賈禎、周祖培等上奏摺「請皇太后親操政權」。慈禧、慈安太后即以賈禎等人的奏請為由，以突然襲擊的方式發動政變，連發四道上諭，派奕訢等討論「皇太后應如何垂簾之儀」，以擅改諭旨、立阻垂簾罪，解除載垣、端華、肅順職務，「景壽、穆蔭、匡源、杜翰、焦祐瀛，著退出軍機處」。政變發生時，肅順還在返京途中，「命睿親王仁壽、醇郡王奕譞往速，遇諸密云，夜就行館捕之，咆哮不服，械系。下宗人府獄」。慈禧任命恭親王奕訢為議政王、在軍機處行走、宗人府宗令，重組軍機處。慈禧，詔賜載垣、端華在宗人府空室自盡，肅順處斬，以雷霆之勢迅速捕殺載垣、端華、肅順，將景壽、穆蔭、匡源、杜翰、焦祐瀛五大臣革職治罪。十月初九，載淳在紫禁城太和殿即皇帝位，將載垣等人擬定的年號「祺祥」改為「同治」，史稱「辛酉政變」，或稱「北京政變」。

為什麼辛酉政變能取得成功呢？最重要的原因是，八大臣的權力來自已故的咸豐帝，而非來自小皇帝載淳，只要兩宮太后打著小皇帝的旗號爭奪最高權力，那麼八大臣必敗無疑。此外，還有以下幾點原因：

一是人心所向。以肅順為代表的輔政大臣派，實際上是個鬆散的團體，肅順集團不成熟，內部不和諧，黨同伐異，而肅順本人也剛愎自用，四面樹敵。英法聯軍入侵北京、火燒圓明園不久，以肅順為首的八大輔政大臣不顧民族災難、國家危亡，與皇帝逃往熱河，這在當時的官員和民眾當中引起強烈不滿，反觀恭親王奕訢一派，在危難之際坐鎮北京，與英法聯軍積極斡旋，費盡九牛二虎之力，雖說迫於壓力簽訂了喪權辱國的《北京條約》，但也終於把局勢穩定了下來，不至於讓局面變得更糟。聰明的後宮派和親王派有效利用官民的這種情緒，把所有責任都推到八大輔政大臣的頭上，「不能盡心和議，徒以誘獲英國使臣（指巴夏禮）以塞己責，以致失信於各國」，「總以外國情形反覆，力排眾論」，從而在政治上取得了主動。

二是實力雄厚。慈禧本人絕非等閒之輩，她工於書法，咸豐帝身體孱弱，在出逃熱河期間，咸豐帝時常口授並讓其代筆批閱奏章，並且允許懿貴妃發表自己的意見，她野心勃勃，事業心和對權力的渴望極強，美國傳教士、史學家亞瑟·H·史密斯曾這樣評價她：「身為一個滿族女人，她卻與只了解女紅的東太后完全不同，處理大事的時候總能鎮定自若，中國的門戶面對敵對勢力從來未被打開，這在中國半獨裁統治的歷史上可謂絕無僅有，要找一個原因，我想只能說是這位統治者本人擁有一種獨特的品質和才能。」而奕訢是道光皇帝的第六個皇子，自小聰明伶俐，才華橫溢，能力出眾，雖然道光帝出於自己的考量並沒有讓他繼承大統，但絲毫沒有遮擋住他才智的光輝，英法聯軍侵華，咸豐帝逃往熱河，留下奕訢在北京跟外國人斡旋，雖然付出了巨大的代價，但好歹把政局穩定了下來。

三是軍事保障。近支王公中，有三位掌握軍事重權的關鍵人物。第一位是奕譞，從身分上來說，他是慈禧太后的妹夫；從官職上來說，奕譞是正黃旗漢軍都統，掌握著實際的軍事權力。同治帝繼承大統後不久，要削弱輔政大臣的權力，首先要掌握軍權。於是，兩宮太后便把矛頭指向了當時的軍機大臣鄭親王端華，因為端華資質平庸，生性優柔寡斷，最好下手。她們在召見顧命大臣時提出端華的兼職太多，需要「減負」，經再三權衡，端華便說我只做行在步軍統領，慈禧順水推舟，任命奕譞做步軍統領。這樣，慈禧一方輕易就掌握了京師衛戍的兵權。第二位是勝保，作為兵部侍郎，他所統率的一支軍隊，是當時清廷賴以捍衛京師的重要力量。勝保在北京議和前後，與奕訢、文祥等人關係密切，到辛酉政變時，更是參預機密的關鍵人物。一八六一年九月，勝保將所統各軍「分布直東要隘，派令文武大員管帶駐紮，操防鎮撫」，自己則經北京與奕訢等人密商後前往熱河，為政變做準備。第三位是僧格林沁，他在京畿一帶擁有重兵，肅順集團曾經極力拉攏他，但他立場堅定，堅決支持皇帝、皇太后和奕訢。如此一來，軍權實際掌握在了慈禧和奕訢他們的手裡，為後續發動政變奠定了堅實基礎。

四是先發制人。從咸豐帝在熱河病死，到他的靈柩運回皇宮，其間共有七十四天的時間，在這段時間裡，後宮派和親王派結成聯盟，步步為營，運籌帷幄，掌握軍權，一步步掌握主動權。後來，又搶占先機，先發制人，故意不隨皇帝靈柩同行，擺脫了八大輔政大臣的控制與監視，提前回到皇宮，目的就是利用咸豐皇帝去世，為開展政變做充分準備，兩宮太后於九月二十九日到京，三十日發動政變，而咸豐皇帝靈柩在十月三日才到北京，打了八大輔政大臣一個措手不及，掌握了政權。

辛酉政變是清朝統治集團內部的一場殊死鬥爭，也是對清王朝政治格局、權力分配的一次洗禮。辛酉政變後，清政府出現了太后「垂簾」，恭親王「議政」的新格局，清王朝後期對內及對外政策有了很大改變：慈禧太后以政治新星的身分在清王朝後期嶄露頭角，開始了長達四十餘年的專權統治；而奕訢一派則一度控制了清王朝的內政和外交實權。同時，以奕訢為首的洋務派試圖「借法自強」，在全國範圍內開展了一場師夷長技的洋務運動，探索中國的近代化道路。隨著總理各國事務衙門的建立和一系列不平等條約的簽訂，中國半殖民地半封建化進一步加深。

05

義和團事變的禍首莊親王載勳

愛新覺羅・載勳，清朝末期大臣，滿族人。載勳是康熙帝十六子莊親王愛新覺羅・允祿的五世孫，第九代莊親王奕仁的第二個兒子，他於同治十一年（一八七二）封輔國公，在光緒元年（一八七五）襲封莊親王。義和團運動興起後，載勳極力主張借義和團的力量打擊外國勢力，以達到廢黜光緒皇帝的目的，是義和團事變的「禍首」之一。

❖ 剿撫不定

義和團，又稱義和拳，是十九世紀末在中國發生的一場以「扶清滅洋」為口號的農民運動。在積貧積弱的晚清，面對西方列強的步步緊逼和清政府的不作為，中國農民拿起武器，投入到這場轟轟烈烈的運動中，粉碎了西方列強試圖瓜分中國的狂妄計畫，同時也極大地打擊了清政府的統治，加速了清王朝的滅亡。

義和團運動為何會興起呢？秋瑾曾在彈詞《精衛石》第一回中這樣寫道：「神仙鬼佛諸般說，盡是謠言哄弄人。騙得那愚夫愚婦來相信，藉端便可騙金銀。試問你遭逢水火刀兵事，幾曾見有個神仙佛救人？昔年什麼紅燈照，聖母原來妓扮成。什麼師兄什麼法，反被那洋人殺得沒頭奔。虛言造語都為假，卻不道朝內糊塗信了真。闖成大禍難收拾，外洋的八國聯軍進北京。」秋瑾對義和團運動的認識較為獨到，她認為義和團運動源自於山東、直隸等地的義和拳等民間的祕密結社，帶有一定的封建迷信色彩。借助迷信發動農民運動在中國歷史上並不鮮見，但為何此時的農民運動會宣揚「滅洋」將矛頭直指帝國主義呢？

帝國主義列強與中華民族之間的矛盾是近代中國社會的最主要矛盾。特別是義和團運動興起的十九世紀末二十世紀初，列強進一步擴大對中國的侵略，妄圖瓜分中國，把中國變成它們的半殖民地和殖民地。在這一背景下，中國民眾拿起武器奮起反抗，抗洋運動此起彼伏，而導火索則是發生於山東的「曹州教案」，兩名德國傳教士能方濟及理加略被衝入教堂的曹州村民打死。德國借此機會出兵，占據中國山東膠州灣和青島，隨後俄軍出兵攻占了旅順，英國和法國分別派兵占領了威海和廣州灣（即今天的廣東湛江），中國境內危機四伏、山河破碎，風雨飄搖，中國民眾紛紛奮起反抗。

當時，在中國的山東，這種矛盾和衝突最為激烈。德國用堅船利炮打開了中國的大門，德國在山東境內擁有修築鐵路、採礦、駐兵、海運、交通運輸、建廠、外交以及租界內的行政權和經濟控制權等多項特權，肆意掠奪民脂民膏、資源礦產，導致山東民眾對外國侵略者極為反感。一八九七年，山東冠縣梨園屯（今屬河北邢臺）的村民與當地的教堂因土地糾紛發生了衝突，威縣梅花拳師趙三多應邀前往援助，此後趙三多又將梅花拳改名為義和拳。一八九九年，毓賢出任山東巡撫，提出「民可用，團應撫，匪必剿」，對義和拳採用招撫的辦法，將其招安並納入民團。於是義和拳成了「義和團」，而口號亦由「反清復明」變為「扶清滅洋」。

後來，袁世凱出任山東巡撫，他到任後，改變政策，實行剿撫並用，分化鎮壓義和團。義和團在重壓之下，北上直隸。這一年北方大旱，瘟疫流行，民不聊生，義和團趁機宣傳，認為是外國教會所致，當時有揭帖稱：「天主教並耶穌堂，誹謗神聖，上欺中華君臣，下壓中華黎民，神人共怒」。於是，義和團運動由南向北往京津地區發展，日益興盛。五月十二日，淶水縣高洛村發生了教案，朝廷派練軍分統楊福同前往鎮壓，被數千義和團兵在石亭附近設伏擊斃，史稱「淶水大捷」，朝廷大為震驚。五月二十七日，直隸中部蘆保鐵路沿線約三萬義和團兵占據了涿州城，時任知州的龔蔭培無計可施，只能絕食坐以待斃。在此之後，清政府又派出聶士成等官員參與鎮壓，與義和團多次交戰，但此時直隸地區的義和團運動已呈現出「誅不勝誅」的局面。面對日益高漲的義和團運動，清廷剿撫不定。慈禧太后派軍機大臣剛毅、順天府尹趙舒翹等赴涿州調查，剛毅回京後向慈禧報告：「拳民忠貞，神術可用」。此外，莊親王載勳、端郡王載漪、輔國公載瀾等人均主張安撫義和團，以便向洋人開戰。

在清廷的默許和支持之下，義和團運動逐漸走向鼎盛。義和團運動是以農民為主體的反帝運動，又代表了那一時代農民運動的高漲。據俄國記者揚契維茨基在《八國聯軍目擊記》中的記載：「每一次齊射之後，我們都聽到了刺耳的號叫聲，只見紅燈掉落了，潰散了，熄滅了。但是團民們仍然揮舞大刀長矛，高喊『義和拳！紅燈照！』向車站前進。他們中有一位師傅，是個臉色陰沉的高個子老頭。他帶領一群團民徑直向我們連衝過來。走在前頭的小孩子舉著大旗，上面寫著『義和團』三個大字。月亮照耀著這些喪失理智的莽漢，照耀著他們的大刀和旗幟。一排子彈射過去，大旗倒下了，又舉了起來，接著又倒了下去。」義和團成員以血肉之軀，衝向持有現代化武器的侵略者，這是何等的悲壯！而這一幕，又多次在義和團運動中重現。時人有電稿記載：「遇有戰事，競衝頭陣，聯軍禦以洋槍，死者如風驅草，乃後隊存區區之數，尚不畏死，倏忽間亦皆中彈而倒。」義和團運動作戰不可謂不勇敢，但戰況無疑又是極為慘烈的，義和團在作戰中損失慘重，但農民階級具有無法克服的局限性使他們無法提出完整的、正確的政治綱領和社會改革方案。那麼，作為支持義和團運動的重要代表載勳，其命運便可想而知了。

❖成為「禍首」

義和團運動因帝國主義侵略加劇、民族危機空前嚴重而興起。面對列強肆無忌憚的侵略，中國民眾發起義和團運動。然而，正如陳旭麓所分析的那樣：「侵略激起了反侵略。前者代表了横暴，後者代表了義憤。然而，在歷史的曲折演進中，義憤又常常成為新的横暴的導因。這種矛盾決定了近代百年民族鬥爭的長期性和艱巨性。」對於這一矛盾，兩江總督劉坤一曾這樣上奏朝廷：「竊此次戰事，由於匪徒藉口仇教，肆行燒殺，致釀大患。各國亦以剿匪、救使及保護商民、教士為詞，調艦增兵，合而謀我。軍事既起，各省自應力籌戰守。臣等已將防務嚴密籌備，倘彼族前來侵犯，即當奮力抵拒，不敢稍涉疏虞。」作為東南互保的重要參與者，劉坤一對義和團運動雖無任何好感，但他也在奏摺中挑明了八國聯軍侵華的藉口。

英、俄、法、美、意、日、德、奧（地利）先後出兵，外部局勢日益緊張。六月十七日，大沽炮臺陷落，此時，慈禧太后因受洋人的氣對列強宣戰，並決定利用義和團來對抗洋人。清廷在《宣戰詔書》中總結了理由：帝國主義列強「欺凌我國家，侵犯我土地，蹂躪我人民，勒索我財物」，朝廷稍加遷就，則帝國主義國家「兇横日甚一日，無所不至，小則欺壓平民，大則侮謾神聖」，甚至還恫嚇清政府，要求清政府退出大沽炮臺。這最終導致了清廷下定決心「與其苟且圖存，貽羞萬口，孰若大張撻伐，一決雌雄」。

隨後，慈禧太后任命載勳和剛毅為統率京津義和團的王大臣。載勳對義和團的態度最為積極。載勳在莊親王府中設立了拳壇，廣泛招納各地的義和團，載勳自己也頭裹紅巾，穿起短服，儼然一副義和團成員的打扮。載勳對義和團積極到什麼程度？有一則趣事，說當時有某個義和團的首領自稱是關羽再世，載勳竟然下跪迎接。一時之間，莊親王府成了義和團滅洋的臨時指揮所，各地的義和團成員到達北京後，第一站必是去莊親王府掛號領取戰鬥任務。不久，載勳又被任命為京師步軍統領，手握兵權，在清廷的要求下，懸賞捕殺洋人。

八月，八國聯軍攻入北京，瘋狂報復，義和團顯然不是侵略者的對手，而清廷的軍隊也難以抵禦列強的洋槍洋炮，莊親王府遭到破壞，大半被毀，只有後院得以存留。與此同時，慈禧太后挾光緒皇帝一路西逃，載勳隨行，任行在查營大臣。在逃亡路上，清廷對義和團的態度發生了一百八十度的轉變，直接將義和團定為亂民，轉而鎮壓義和團運動。同時，清廷為之前的行為辯解：「自此兵端已啟，本非釁自我開，且中國即不自量，亦何至與各國同時開釁，並何至恃亂民與各國開釁？」希望以此為說辭，取得各國的諒解。隨後，清廷決定與列強議和。這樣，載勳的處境就頗為尷尬了。在《辛丑合約》談判的過程中，列強列出禍首，要求重重懲治。據陳夔龍《夢蕉亭雜記》的記載：「和約第二次開議，懲辦禍首，各公使訂期在英館齊集。……（英使）將單開各員名，及所擬罪名，逐一朗誦，請中國照辦。單內人多，難以備錄，中如莊王載勳、右翼總兵英年、刑部尚書趙舒翹、山西巡撫毓賢，均請從重論，餘以次遞減。……越日，各使聯銜照會送到，堅執如故，不能絲毫未減。而德使復慫恿其統帥瓦德西，以急下動員令相恫嚇。厥後均如來照辦理。」第二次議和時，各國大使在英國使館集聚，列出罪魁禍首單，一一朗讀，單子裡涉及的人很多，其中莊親王載勳、總兵英年、刑部尚書趙舒翹、山西巡撫毓賢，是禍首，必須從重懲處，而且沒有絲毫商量的餘地。這些人都是在這場事變中擁護慈禧太后的重臣，在這場議和中卻變成了代罪羔羊。慈禧本來只是打算革去載勳的爵位，降為平民，由宗人府送往盛京（今遼寧瀋陽）圈禁，但最終經不住列強的恫嚇，最終決定犧牲載勳。光緒二十七年（一九〇一），清廷下旨：「已革莊親王載勳，縱容拳匪，圍攻教堂，擅出違約告示，又輕信匪言，枉殺多命，實屬愚暴冥頑，著賜令自盡」，以「庇拳啟釁」的罪名，賜莊親王載勳自盡，派葛寶華前往監視。

❖慨然赴死

載勳被削爵後，圈禁於山西蒲州的御史行臺。雖然名義上是「戴罪」，但他的侍妾和兒子都陪伴在身邊，載勳在住處裡的行動也不受約束，實際上就是軟禁。葛寶華奉命前來，欽差到站，自然要放炮迎接。在室內的載勳聽到炮聲，便問身邊人：「今天有特別的事情嗎？為什麼要放炮？」於是隨從告訴他，是欽差來了。這時候載勳馬上警覺起來，心中肯定已經知道是為自己的事情而來。片刻之後，欽差葛寶華進門登堂，載勳向他詢問慈禧太后在陝西的情況，葛寶華不做回答，也不落座，隨後走到屋子外面四處巡視張望，他發現御史行臺的後面有座古廟，這是執行絞殺載勳任務絕佳的地方，於是他選中了其中的一間空房，並命令左右隨從，在屋子的大樑間掛好三尺白綾，然後鎖上房門。一切安排妥當，葛寶華這才返回載勳所在的大堂。聰明的載勳其實早已明白，自己已被削去官爵，卻有欽差前來探尋，情況必然不同尋常，估計是奉旨要自己命的。進入大堂，葛寶華馬上擺出欽差的威勢，傳令蒲州府的有關官員，即刻派兵前來，以備有變時彈壓。隨後，葛寶華拿出聖旨，載勳跪地聽旨。葛寶華宣旨畢，載勳內心十分複雜，自己戎馬半生，對慈禧忠心耿耿，最終卻落得如此下場，隨即說道：「早在洋人打進北京，行動失敗，開始議和時，我就知道自己必死無疑，我死了，恐怕老佛爺也活不久了。」接著，載勳要求和家人話別。他囑咐自己的兒子：「你作為大清的子民，務必要為這個國家鞠躬盡瘁，不要把祖宗辛辛苦苦打下的江山白白送給洋人！」說完，載勳便問：「我要在哪裡自盡？」於是葛寶華與隨從把他帶到古廟中那間備好的空房間內。載勳進入，看見樑間已經掛好了三尺白綾，回頭便冷笑著看向葛寶華：「欽差辦事可真是周到爽快啊！」說完，載勳慨然赴死，主動上吊。片刻之後，載勳就斷氣了，結束了他轟轟烈烈的一生。

列強肆意欺辱，清政府軟弱無能，一場以「扶清滅洋」為口號的義和團運動在中華大地以燎原之勢興起，中國農民用自己的方式對屈辱進行抗爭；莊親王載勳以實際行動支持義和團運動開展，打擊西方列強。最終，義和團運動失敗，載勳也慨然赴死，這位清朝末年的「鐵帽子王」，用自己的血肉之軀，詮釋了什麼是民族氣節，什麼是忠誠擔當，真正詮釋了什麼是「鐵帽子王」。但因為時代的局限，莊親王載勳沒有代表歷史前進的方向，靠迷信、靠熱忱並不能完成民族獨立、國家富強的歷史任務。時代需要新的書寫者，歷史需要新的引路人。

第六章

挽狂瀾於既倒
扶大廈之將傾

01

洋務運動的領導者恭親王奕訢

清王朝統治下的中國，已處在封建社會後期，經歷了「康乾盛世」的無限風光，到了十九世紀中期，也就是道光、咸豐執政時期，清王朝的衰相日顯。這時的清王朝，貪污受賄腐敗盛行，賣官鬻爵比比皆是；武備廢弛，八旗、綠營戰鬥力低下，往往得依靠鄉勇才能鎮壓武裝起義；貧富分化加大，階級矛盾和民族矛盾異常尖銳；同時，由於鴉片走私，白銀大量外流，財政日益拮据。中國已處在劇變的前夜。鴉片戰爭徹底打破了「天朝上國」的迷夢，清朝進入了千年未有之大變局。清朝的鐵帽子王們，或順應時代，積極推動改革，試圖力挽狂瀾；或昧於形勢，走上了歷史反動面，成為國家和民族的罪人；還有一些則好吃懶做，無所事事，最終由天潢貴冑淪落為普通平民，在歷史的長河中湮沒無聞。

奕訢深得道光帝的喜愛，卻因各種原因錯過皇位，其母也稱之為「命也」。然而，奕訢卻在清王朝面臨危機之時，多次挺身而出，挽救危局。第一次是在太平天國兵鋒直指北京之時，就任軍機大臣；第二次是第二次鴉片戰爭時，留京主持和談；第三次在甲午戰爭時再次復出。同時，奕訢成為洋務運動在中央的重要領導，有力地推動了中國的近代化進程，這些都體現了他的愛國之情和濃濃的家國情懷。

❖痛失皇位

恭親王奕訢是道光皇帝的第六子，咸豐皇帝奕詝的異母弟。奕訢的生母博爾濟錦氏曾受命撫育皇四子奕詝，奕訢與奕詝年齡相仿，情同手足。六歲時入上書房學習，展現出非凡的天賦。費行簡在《近代名人小傳》稱奕訢「生而穎敏冠諸昆」，即他的聰慧遠超諸兄弟。在學習時，老師每天教授千字，奕訢只需少許時間就能背誦出來；同時奕訢也很擅長騎射，《清史稿》稱其曾創制槍法二十八勢、刀法十八勢，道光帝親自賜名「棣華協力」和「寶鍔宣威」，並且把白虹寶刀賞賜給奕訢，道光帝對奕訢的偏愛是有目共睹的。

奕訢、奕詝兩人同父異母，性格頗為不同。據說，有一次道光帝曾有意考察奕訢、奕詝兩兄弟的品德，拿出金盒、木盒各一個，由他們二人挑選。傳言當時的奕詝頗有長兄之范，禮讓奕訢，讓弟弟優先挑選。奕訢見此局面，卻大大咧咧，毫無修養，直接拿起了金盒。兩人性格差異之大，由此可見一斑。奕詝性情內斂，給人以穩重、仁德、忠厚、謙恭之感，但也優柔寡斷，缺少帝王應有的魄力。奕詝的師傅杜受田是一代大儒，奕詝在其教導之下，熟讀中國傳統的四書五經、儒家的治國之道。雖為「正道」，但面對當時的內憂外患，幾乎無從應對：內不能應對國內錯綜複雜的局勢，外則無法有效抵抗西方列強的侵略。奕訢則大為不同，年輕氣盛，鋒芒外露，肯接受外部的新事物，頗具應時之才。從這一角度看，偏重守成，則選奕詝，如要選擇革故鼎新，奕訢則是非常優秀的人選。

據記載，在繼統問題上，道光帝也曾長期猶豫不決。道光帝曾突然宣布將奕誴過繼給惇親王綿愷，這一做法表現道光帝對不拘禮節、生性粗魯的奕誴的排斥，使其徹底退出了皇位的爭奪。這時，皇位的爭奪，便限於皇四子奕詝與皇六子奕訢之間。奕詝早年曾於圍獵之時，不慎墜馬摔傷大腿，雖經治療，卻也留下少許殘疾，行動頗為不便；奕訢則文武全才，遠在奕詝之上，按清朝傳位須德才兼備的傳統，奕訢入繼大統也不無可能。道光帝幾度想傳位給奕訢，但最終選擇了奕詝。據《清史稿·杜受田傳》記載，道光帝晚年曾率諸皇子狩獵，奕訢騎射俱佳，所獲最多。奕詝則故意一箭不發，道光帝問起，回答說：「時方春，鳥獸孳育，不忍傷生以干天和。」道光帝大喜，稱讚說；「此真帝者之言！」道光帝以仁孝治天下，因此，奕詝此舉頗得聖意。而據《清宮遺聞》所述，道光帝有一天召奕詝和奕訢同時入對，奕訢知無不言、言無不盡；而奕詝的師傅杜受田則教授奕詝「上自知病重，不久於世，若問將來之事，你就伏地流涕，以表忠君愛父之誠意」。道光帝認為以仁孝治天下更好，因此決意立奕詝為儲君。但費行簡在《近代名人小傳》又有說法，道光帝在閒談時，曾暗示要傳位奕訢。奕訢跪在地上答道：「奕詝年長當立，且才德也不是我能比得上的。」道光帝非常讚賞，囑咐奕訢：「你的哥哥奕詝性子偏急，以後你要輔佐他成為賢明的君主，但願不要辜負我的期望。」

難道道光帝真的不知道奕詝師傅杜受田在幕後出謀劃策？難道真的不知道奕詝身體的殘疾？答案是非常明確的。那為何道光帝最終選擇了資質平平的奕詝？最重要的原因是當時清王朝的統治已呈中衰之勢，內憂外患之下，急需有人能站出來力挽狂瀾。奕訢年輕，年富力強，才華橫溢，但上臺如果真的大刀闊斧地幹一場，成功固然是好，一旦改革失敗，激化社會矛盾，王朝就會動盪甚至崩潰。奕詝雖然資質平庸，但以儒家仁孝治天下，雖不至於有大功，卻也不會有大過。穩定或許是高於一切的最佳選擇，也最有利於清朝統治的延續。可是，在千年未有之大變局中，這一選擇無疑又是短視的，在最需要革新的時代，卻選擇了保守，肯定會使中國錯過變革的有利時機。為了補償奕訢，道光帝除留下「立皇四子奕詝為皇太子」一諭外，又打破慣例，在上諭中「封皇六子奕訢為親王」。從清朝的制度設計來看，雍正帝創立了祕密立儲制度，皇帝生前親書立儲諭旨，一式兩份，一份由皇帝隨身攜帶，另一份懸於乾清宮「正大光明」匾後。皇帝駕崩之後，御前大臣可將兩份遺旨取出，當眾拆封，並宣布繼統者。這一制度既可以避免骨肉相殘、內鬥不止，也可以保證諸皇子積極上進，同時保證皇帝的皇權獨尊、皇位永固。在這一制度之下，建儲匣中的安排肯定出於道光帝的本意。這一安排恰恰體現了道光帝對奕訢的叮囑「你的哥哥奕詝性子偏急，以後你要輔佐他成為賢明的君主，但願不要辜負我的期望」，表面上看，體現了奕訢在諸皇子中的獨特地位，遠高於諸弟郡王的身分，但同時，也暗含要他嚴守君臣名分，絕不能有造次之想，用意不可謂不深。

奕詝繼位後，改元咸豐。奕詝登基後，遵照道光皇帝遺詔，正式封奕訢為恭親王。

「恭」取「兄友弟恭」之意，既體現了兄弟間的友愛，更重要的是提醒他不要忘記君臣之分。後來，咸豐帝將原慶郡王府賜予奕訢作為府邸，人稱「恭王府」。這一府邸的選擇，也頗具深意。這一府邸始建於乾隆年間，它的第一代主人是著名貪官和珅。和珅此宅設計建造得富麗堂皇，據說其建宅時曾多逾制。這一豪宅賜予恭親王似為優待，但北京豪宅頗多，為何偏偏選擇此宅？原因是此宅的第二位主人是乾隆帝的第十七子慶郡王永璘。乾隆年間，永璘早早退出了皇位爭奪。在和珅被賜自盡後，嘉慶皇帝將此宅轉賜永璘，以表彰永璘的不願爭位之功。此時，咸豐皇帝將此宅賜給恭親王奕訢，同時賦詩一首：「名園朗潤近圓明，賜額心同弟與兄。孝弟立身先務本，慰予厚望助公平。」咸豐帝的用意就很清楚了。

❖起於危急

咸豐三年（一八五三），太平天國北伐軍直指直隸，奕訢被任命為「在軍機大臣上行走」。按照祖制，為防止親王勢力坐大，親王一般不入軍機處。但情況危急之下，奕訢也只得臨危受命，其間「參贊軍務、夙夜勤勞」，力圖挽救晚清政局的危機。即便如此，咸豐帝還是給奕訢下了一道諭旨：「道光二十九年皇考曾賜朕鋭捷刀，賜恭親王奕訢白虹刀，彼時並蒙恩諭准其佩用，緣此二刀俱係桃皮鞘，非特賞不能用。現命恭親王奕訢署領侍衛內大臣，今日伊見面時請旨，所有從前特賞之白虹刀仍准伊佩用，桃皮鞘餘不准用。」大概意思就是說，雖然皇帝給了你特權，但你的特權行使還得受到節制。早年的儲位之爭中的不快，常常縈繞在咸豐帝心頭，咸豐帝在強調兄弟之情時，又時時以君臣之分敲打奕訢。早在咸豐帝即位時，就曾冊封其養母即奕訢的生母孝靜皇貴妃為孝靜皇太貴妃。奕訢覺得其生母撫養有功，應當進一步尊為孝靜皇太后，就經常去懇請咸豐帝冊封。可能是由於儲位之爭中的不快，咸豐帝始終不願答應。後來，奕訢生母病重，奕訢再一次請旨尊封皇太后。奕訢請封時有些衝動，形同挾制，咸豐帝無奈之下含糊答應，奕訢即傳旨冊封，咸豐帝對此頗為不滿。隨後，咸豐帝以「禮儀疏略」為藉口，罷免奕訢軍機大臣、都統等職務，僅保留在內廷行走、上書房讀書的特權。這件事表面上看是因奕訢請旨時態度不好、有失禮儀，但念及奕訢生母曾多年養育咸豐帝，甚至將其視為己出這點功勞，請封孝靜皇太后的要求絕不過分。更何況當年奕詝便是以仁孝而獲得道光帝的認可，進而入繼大統的。如果此時背負不孝之責，無疑是天大的諷刺。可即便如此，奕訢為什麼還要這麼決絕呢？背後的原因顯而易見，皇權之下，絕對不能允許出現第二個權力中心。咸豐帝便以此為藉口，革除恭親王的一切要職。

咸豐六年（一八五六），英國以「亞羅」號事件、法國以西林教案為藉口，挑起第二次鴉片戰爭，出兵入侵中國。咸豐十年（一八六〇），英法聯軍重新組織一萬八千人，先攻占天津。清軍統帥僧格林沁等在通州八里橋附近與英法聯軍展開激戰，結果，清軍慘敗，京師震動。咸豐帝等便以北狩為名逃往熱河避暑山莊。與此同時，咸豐皇帝任命奕訢為「欽差便宜行事全權大臣」，留守北京，籌畫和局，實際就是把爛攤子留給了奕訢。所謂的「留守北京」，既無險可守，更無兵可用，所謂的「籌畫和局」，條件低了列強不滿意，條件高了就是喪權辱國。十月初，英法聯軍劫掠燒毀圓明園，並進一步勒索清廷，在此背景下，奕訢全盤接受英法聯軍提出的苛刻要求，接受《天津條約》一切條款，另訂立《北京條約》，賠款白銀一千六百萬兩，增開天津為商埠，准許華工出國，允許西方傳教士到中國租買土地及興建教堂，清朝得歸還之前沒收的天主教教產，英國割得九龍司地方一區，將烏蘇里江以東幾十萬平方公里的領土割給俄國。雖然喪失大量主權，加深了中國半殖民地半封建化程度，咸豐皇帝倒也沒有怪責，還下旨表示體諒。隨後，奕訢以親王身分管理總理各國事務衙門。和議已定，隨後就應該請咸豐皇帝回鑾北京。可是，咸豐皇帝不願回京與各國使節打交道，在避暑山莊縱情聲色。

❖參與政變

咸豐皇帝駕崩後，載淳繼位，改號「祺祥」，並遺命八位贊襄政務大臣輔佐幼主。而此時的奕訢參與簽訂了《北京條約》，且正以親王身分管理總理各國事務衙門，但咸豐皇帝直到臨死之時都沒有信任奕訢，也沒有對奕訢進行妥善安排，選擇近臣而非近支來輔佐小皇帝，這說明咸豐帝依然對奕訢心存芥蒂。八大臣輔政，無疑能保持皇位永固，八大臣的任何一位，都沒有繼承皇位的可能。而奕訢則大為不同，近親的身分使得他依然是皇位的有力爭奪者，因此，咸豐皇帝臨死之前的這種安排也就不足為怪了。但慈禧太后為抗衡八大臣勢力，密召奕訢前往承德避暑山莊。奕訢以奔喪為名，密會兩宮太后。據說，奕訢一進大殿就「伏地大慟，聲徹殿陛，旁人無不下淚」。今天我們已經很難知道奕訢當時痛哭的原因了，或是對兄長的思念，或是對被排擠的憤懣，或是以此來麻痹輔政八大臣。奕訢在前往熱河祭拜時，曾多次遭到八大臣的阻撓。奕訢在哭靈後，與太后密謀談話的內容已無從考證，但後來發生的事情，就廣為人知了，奕訢等人發動政變，逮捕載垣、端華等人，誘捕肅順，隨後廢除「祺祥」年號，改元同治。隨後，慈禧在紫禁城養心殿舉行了垂簾大典。這就徹底廢除了八大臣輔政體制，建立了兩宮太后垂簾聽政的新體制。奕訢因輔政有功、扶傾定危，以議政王的名義任軍機處領班大臣兼攝首席總理各國事務衙門大臣，享受王爵世襲罔替、享受親王雙俸、召見免叩拜等特權。奕訢仍推辭王爵世襲罔替，但依舊被任命為宗人府宗令，並負責管理神機營，此時的奕訢，以議政王大臣的身分掌管軍機處及總理衙門，控制了清朝的中樞機構，同時又兼宗人府宗令和總管內務府大臣，控制了皇族事務大權，再次以總理各國事務衙門王大臣的職務主管外交事務，自此總攬清朝的內政外交，各種大權集於一身。在這種利益交換之中，兩宮太后與恭親王均有收穫，形成了「恭邸議政、母后垂簾」的政治格局。

❖ 推行洋務

同治三年（一八六四），太平天國運動失敗。清廷下旨加封奕訢之子載澄為貝勒，封載浚為輔國公，封載瀅為不入八分輔國公。伴隨著太平天國起義的平定，如何恢復社會秩序、發展社會經濟成為當務之急。當時中國不斷走向半殖民地半封建社會，西方的大炮以及太平天國、撚軍等起義衝擊著清王朝的統治。面對「內憂外患」，在如何抵禦外來侵略、如何面對現代化的歷史潮流等問題上，清朝統治集團內部開始分化為頑固派和洋務派。頑固派在中央的代表主要是大學士倭仁等人，他們認為「立國之道，尚禮義不尚權謀，根本之圖，在人心不在技藝」，主張以「忠信為甲冑，禮義為干櫓」來抵禦外侮。與之爭鋒相對的則為洋務派，他們主張「中學為體、西學為用」，在「師夷長技以自強」「師夷長技以求富」的旗號下，提倡學習西方的聲、光、電、化、輪船、火車、機器、槍炮等一切技藝以及西方的自然科學，開辦報刊、學校。與洋人打過交道的奕訢，則成為洋務派在中央的代表，總理衙門成為推動洋務運動的中央機構。早在咸豐年間，恭親王奕訢就會同桂良、文祥上奏《通籌夷務全域酌擬章程六條折》。六條要點如下：（一）於北京設總理各國事務衙門，專辦涉外事務。以此代替以往外事由各省督撫處理，再匯總於軍機處的舊制。（二）設三口通商大臣，無欽差銜，以專管北方新開口岸天津、登州、牛莊（後改為營口），駐於天津；其他口岸仍歸駐於上海的五口通商大臣辦理。（三）新開各口關稅由各省就近派官員管理。（四）各省辦理外國事件，請令該省之將軍督撫互相知照，以免歧誤。（五）開設外國語學校。（六）收集各口中外商情及各國報紙，按月諮報。這六點要求，用奕訢的話說就是：「就目前之計，按照條約不使稍有侵越，外敦信睦而隱示羈縻，數年間則偶有要求，尚不遽為大害」。這些措施，一改以往天朝上國的形象，形成了「故滅發撚為先，治俄次之，治英又次之」的方針，從而揭開了洋務運動的序幕。奕訢等又在《奏請八旗禁軍訓練槍炮片》中提出：「探源之策，在於自強，自強之術，必先練兵。現在國威未振，雖宜力圖振興，使該夷順則可以相安，逆則可以有備，以期經久無患。況發撚等尤宜迅圖剿辦，內患除則外侮自泯。」簡單來說，就是為了「禦侮」就要「自強」，「自強」的關鍵是「練兵」，洋務運動的基本方針逐漸形成。在這些方針的指導下，奕訢積極推進洋務運動，他積極興辦近代教育，引進西方先進技術，籌建中國近代海軍，宣導和支持各地洋務派創辦近代企業，「以商為戰，收回利功」，以實現富國強兵。這種「自強」的主張，符合現代化的歷史潮流，體現了恭親王奕訢的愛國情懷，推動了中國社會的近代化進程，對近代中國歷史產生了重要影響。

同治四年（一八六五）三月，御史蔡壽祺上疏彈劾奕訢，隨後，兩宮太后下旨革去議政王奕訢的一切差使。後在惇親王奕誴、醇郡王奕譞等人的陳請下，兩宮太后命奕訢仍在內廷行走，管理總理各國事務衙門。奕訢旋即入宮謝恩，痛哭流涕。兩太后再次下諭：「王親信重臣，相關休戚，期望既厚，責備不得不嚴。仍在軍機大臣上行走。」此次任命，慈禧太后雖恢復了奕訢的職務，但議政王的稱號卻被取消了。經此打擊，奕訢的聲望大受影響。

❖阻修園工

同治十二年（一八七三），同治帝已年滿十八歲，可以親政，慈禧雖聲稱願意歸政，但實際上卻牢牢抓緊朝中的各項大權。如何讓兩宮太后頤養天年，也讓自己能真正親政，成為同治帝不得不思考的問題。此時正好有內務府的官員慫恿同治帝以籌備慈禧太后生日為由重修圓明園，待工程完工後便可以請兩宮太后移駕圓明園了。

因這次重修的名義是籌備慈禧生日，所以在第二年，也就是同治十三年必須完工，這直接導致了工程時間短，任務重。樣式雷家族在重修工程前規劃了應修殿宇房間「不下三千餘間」，曾製作了畫樣、燙樣，也就是製作了圖紙和模型。根據這一規劃，需重修的建築大致有：圓明園內的安佑宮；萬春園內的天地一家春、清夏堂；圓明園大宮門、正大光明殿、勤政殿、上下天光和中路各堂；圓明園的雙鶴齋、杏花春館、同樂園、武陵春色、萬方安和，長春園的海岳開襟等；再加上大量的道路、橋樑、河道泊岸、圍牆、門樓等附屬工程，工程量相當於原修建圓明園工程總量的三分之一。圓明園主要興建於康熙和雍正兩朝，乾隆帝即位後，又在圓明園的東鄰和東南鄰分別新建了長春園和綺春園。由此可見，圓明園的修築在康乾盛世的國力之下，尚需百年完成。同治年間雖有中興，但想在短短的一年裡完成百年工程的三分之一，無疑是癡人說夢。同治帝未必不知道此中艱辛，卻只顧著力推進重修工程，還特意降旨將綺春園改名為萬春園。而根據欽天監的計算，同治十三年是「太歲沖犯」，雖無科學根據，但為保險起見，在欽天監的建議下，同治十二年十二月十六日，重修圓明園工程提前供梁（供施工禮儀），並準備此後一步一步地進行修建。工程雖然及時開工，但面臨的問題卻不少，首當其衝的是資金問題。當時規定，由內務府承擔全部皇家宮殿園囿的修建費用。內務府除收到戶部按年劃撥的六十萬兩白銀外，又令戶部捐資二十餘萬兩、工部從河工水利費中劃撥白銀四五萬兩，甚至清廷還命令王公、大臣捐款報效，恭親王奕訢還曾帶頭捐了白銀二萬兩，捐款計有四十萬五千五百二十兩。無奈工程量過於巨大，資金缺口依然很大。面對這一狀況，御史沈淮帶頭請求緩修，奕訢、奕譞、景壽、奕劻等數十名王公大臣聯名勸諫，要求停止重修圓明園，批評同治帝與太監嬉戲、頻繁去工地視察等行為恣意妄為，要求同治帝「畏天命，遵祖制，慎言動，納諫章，勤學問，重庫款」。在奕訢等人的強烈要求下，奕訢等人得以當面勸諫同治帝，但同治帝勃然大怒，怒斥奕訢「此位讓爾如何」，批評奕譞等人「離間母子，把持朝政」，激烈衝突之下，文祥一度伏地號啕大哭，被人攙扶出去。因王公大臣的強烈反對，同治帝最終不得不下旨停修圓明園工程。十一天後，同治帝毫無徵兆地下旨革除恭親王所擔任的軍機處一切職務，並交宗人府議處。不得不說，此時的同治帝，已經過於恣意妄為了，甚至軍機處也不得不以「今日俱散值，明日再定」來抗旨。面對這一不可收拾的局面，慈禧太后和慈安太后不得不出面令同治帝收回成命，停修圓明園，開復奕訢一切官職。從此，同治帝愈加消沉，貪戀酒色，不聞朝政。該事件後不到半年，同治帝竟一命嗚呼。

因同治帝沒有子嗣，慈禧太后便立醇親王奕譞之子、年僅四歲的載湉為帝，改元光緒，以便繼續垂簾聽政、駕馭群臣。奕譞在慈禧太后的支持下，勢力日盛，而奕訢在慈禧等人的排擠下，聲望日蹙。

❖垂垂老矣

隨著慈安太后的突然暴斃，慈禧太后獨掌大權，奕訢的處境更為孤立。光緒十年（一八八四），中法戰爭爆發，奕訢因「言路交章論劾」，被慈禧太后罷軍機大臣，並被停止親王雙俸。同時，奕訢在軍機處和總理衙門的勢力也被全部清洗。此後，奕訢賦閒長達十年之久，過著「超然塵世之外」的生活。光緒二十年（一八九四），中日甲午戰爭爆發，奕訢再次總理各國事務衙門，並總理海軍，會同辦理軍務，後授軍機大臣。但此時的奕訢，經多次打擊，已垂垂老矣，無力再挽狂瀾。

屢遭打擊的奕訢，晚年曾賦詩云：「自憐終乏馬卿才，苦吟須驚白髮催；從聽世人忙似火，此心因病亦成灰。前程漸覺風光好，清氣應歸筆底來；官給俸錢天與壽，帝堯城裡日銜杯。」體現了他心灰意冷、無限悲涼的心態。

02

皇帝的生父醇親王奕譞

光緒二十四年（一八九八）四月，恭親王奕訢病逝於恭王府。他去世當日，慈禧太后和光緒皇帝親自前往悼念，並下令「輟朝五日」，諡號「忠」，配享太廟；同時下旨「王忠誠匡弼，悉協機宜，諸臣當以王為法」，以示慰藉。

縱觀歷史，父親、哥哥、侄子、兒子、孫子均是皇帝，自己卻不是皇帝的人，醇親王奕譞是為數不多的例子。奕譞因參與辛酉政變而迅速崛起，因兒子當上皇帝而無比顯赫，他出任海軍衙門總理，推動了海軍近代化的進程，對鞏固海防、維護海權做出了巨大的貢獻。但同時，終其一生，謹小慎微，處處討好慈禧太后，甚至在國力艱難之時，不惜修頤和園以討好慈禧太后，也留下了巨大的爭議。他在光緒帝親政後不久離世，對光緒無疑是一種巨大打擊，因為如果奕譞還在世，光緒帝與慈禧太后之間的關係或許會融洽很多。

❖ 一鳴驚人

奕譞，道光皇帝第七子，道光二十年出生。奕譞出生之時，其父道光皇帝已年屆六十，正在考慮儲位繼承問題。奕譞因年歲太小，也就被排除在繼位名單之外。咸豐皇帝即位後，奕訢依道光帝遺詔被封親王，但遺詔並沒有論及奕譞的封爵，於是便依例封為郡王，即醇郡王。咸豐九年（一八五九）三月，分府，仍在內廷行走。

咸豐年間，奕譞並不出眾，但在咸豐帝死後不久，奕譞抓住時機迅速崛起。咸豐帝臨終之時，曾安排近臣而非近支輔政，令載垣、端華、肅順等八人輔佐年幼的載淳，以奕訢、奕譞為代表的近支宗室則被完全排除在權力核心以外。隨後便發生了戲劇性的一幕，雖然八大臣禁止近支王公祭拜咸豐皇帝的靈柩，可奕譞還是在第一時間硬闖梓宮，成為挑戰八大臣權威的宗室第一人。不知是因奕譞哭靈時的真情流露，還是因其帝胄身分，八大臣竟也對其無可奈何。此後不久，奕譞又出任步軍統領，從輔政八大臣之一的鄭親王端華手中分得部分軍權，為政變成功奠定了重要的基礎。

據說在抓捕肅順的時候，是奕譞一腳踹開肅順的臥室大門，活捉了肅順，這無疑也是奕譞一生中最耀眼的時刻。溥儀在《我的前半生》中回憶道：「我很小的時候聽到了一個故事，有一天王府裡演戲，演的是『鍘美案』，演到最後一場時，年少的六叔載循看見被包龍圖鍘得鮮血淋漓的陳世美嚇得坐地大哭不已，我祖父立即聲色俱厲地當眾喝道：『太不像話，想我二十一歲時親手拿肅順，像你這樣，將來怎麼能擔當國家大事』」。奕譞為何堅定地站在兩宮太后一邊？一是顧命八大臣過於排擠皇族成員，未能及時給皇族成員相應的政治地位和經濟待遇。更重要的是，奕譞的嫡福晉是慈禧的妹妹，因這層關係，奕譞無疑是慈禧太后的鐵杆支持者。

同治皇帝即位後，下諭奕譞可以在皇帝設宴召見時免於叩拜、奏事可以不書姓名。在不到半年的時間裡，奕譞先後被授予都統、御前大臣、領侍衛大臣、管神機營等職務。同治三年（一八六四），加親王銜。同治十一年（一八七二），晉封醇親王。同治十二年（一八七三），同治帝親政，罷免了他弘德殿行走的職務。整個同治一朝，奕譞職務雖多，但政治上的作為卻不多。內有兩宮太后，外有奕訢掌控中外大局，留給奕譞施展才華的空間並不大。

❖皇帝生父

同治十三年十二月，同治帝載淳病死。他在位十三年卻無子嗣。按祖制，應從近支晚輩中選立太子，承嗣同治帝，但這樣慈禧太后就會成為「太皇太后」，失去繼續「垂簾聽政」的正當理由。慈禧太后當然不願放棄「垂簾聽政」大權獨攬的機會。據載，同治帝載淳駕崩當夜，慈禧太后在第一時間召集奕訢、奕譞、奕譓等宗室商議立嗣事宜。其間有人提出選年紀稍長者立為國君，也有人建議按照祖制應在近支晚輩中「擇賢而立」。慈禧太后當即說：「文宗（咸豐帝）無次子，今遭此變，若承嗣年長者實不願，須幼者乃可教育。現在一語即定，永無更移，我二人同一心，汝等敬聽。」慈禧太后以年長者不願承嗣咸豐帝為由，要求找一年幼的孩子來繼統。慈禧隨即宣布，由奕譞四歲的兒子載湉承繼文宗為子並承襲帝位。為何慈禧太后會選中年幼的載湉？首先，醇親王奕譞的嫡福晉為慈禧的妹妹，由自己的親外甥載湉繼統，便於控制；其次，載湉是載淳的同輩，因此其只能以文宗（咸豐帝）嗣子身分繼統，這樣慈禧就可以繼續以太后的身分垂簾聽政；第三，載湉才四歲，按照祖制，得大婚後才能親政，這樣可以保證慈禧太后長期把持朝政。也許是接受不了這麼巨大的身分轉變，也許是太清楚慈禧太后的為人，據說聽聞這一安排時，奕譞竟然「碰頭痛哭，掖之不能起」，「昏迷伏地」。

隨後，載湉被從睡夢中喚醒，由醇王府簇擁進紫禁城。次日，便宣布入承大統，年號光緒。同時，宣布「今皇帝紹承大統，尚在沖齡，時事艱難，不得已垂簾聽政」。光緒皇帝即位後，奕譞的身分頗為微妙。一方面，他是慈禧太后的妹夫，要維護太后垂簾聽政的權威；另一方面，他又是光緒皇帝的父親，要為未來皇帝親政鋪路，如何讓兩宮太后滿意，又能撫育小皇帝成長，成為奕譞必須解決的重要問題。奕譞選擇以退為進，上奏兩宮太后：「我侍從同治皇帝已有十三年，如今同治皇帝已乘龍升天，為天帝之賓。我仰瞻他的遺容，五臟都要崩裂了。忽然接到太后的懿旨，確定載湉為嗣皇帝，倉促間不知所措。舊有的肝疾復發，怕是病情加重。現在只能哀求懇請憐惜，請允許我告老辭官，為天地容一個只有爵位的人，為道光皇帝留一個庸鈍的兒子。」兩宮太后於是召集王大臣集議，因為奕譞上奏言辭懇切，於是免去其一切職任，但保留菩陀峪陵督工職務；同時授予王爵世襲特權，奕譞雖上疏請辭，但沒有得到同意。避開鋒芒，以退為進，顯示出奕譞極高的政治智慧。據說，奕譞醇親王府中有治家格言：「財也大，產也大，後來子孫禍也大，若問此理是若何，子孫錢多膽也大，天樣大事都不怕，不喪身家不肯罷；財也小，產也小，後來子孫禍也小，若問此理是若何，子孫錢少膽也小，此微產業知自保，儉使儉用也過了。」對於獨斷專行的妻姐，謹小慎微、韜光養晦或許是最好的選擇。

❖興辦海軍

光緒二年（一八七六），光緒皇帝在毓慶宮就學，奕譞奉命加以照料。奕譞這才得到和兒子相處的機會。光緒五年（一八七九），朝廷賞賜奕譞食親王雙祿。光緒十年（一八八四），中法戰爭爆發，恭親王奕訢主和，而奕譞主戰，其結果是恭親王奕訢被免去軍機大臣的職務，由禮親王世鐸代之。太后讓世鐸在遇到重要事件之時，要與奕譞商量辦理，這就使奕譞取得了相當高的政治地位，也有了一展才華的機會。這年中法戰爭爆發，清軍出兵越南挫敗了法國的進攻。《中法新約》簽訂之後，雙方罷兵。中法戰爭後，認識到海軍實力的巨大差距，奕譞建議清廷成立海軍。

光緒十一年（一八八五）九月，海軍衙門成立，奕譞被任命為總理、節制沿海水師，奕劻、李鴻章、善慶、曾紀澤也有參與。清廷決定先建北洋水師，並讓李鴻章專門負責此事。於是，李鴻章籌畫海防，在旅順開船塢，築炮臺，建海軍軍港。北洋有大小戰艦五艘，並有小炮艇、魚雷艇輔助，又向英、德兩國購買軍艦多艘，北洋艦隊逐漸成軍。後來，慈禧太后命令奕譞巡閱北洋水師，此外南洋水師也派遣全部主力艦參加，另有英法艦隊各一支前來觀禮。奕譞會同李鴻章從大沽口出發，先去旅順參觀基地設施、觀看演習，再去威海衛和煙臺檢閱中外艦艇，還視察了炮臺、船塢及水師學堂，前後有十餘日。奕譞回京之後，為北洋艦隊諸將請賞。這次巡閱，展示了北洋水師的實力，也提升了清朝的國際地位。

❖管理京營

除了海軍，奕譞還曾管理過京師的神機營。管理狀況如何，從《二十年目睹之怪現狀》第二十七回《管神機營王爺撤差》的描述中可見一斑：「到了京城的神機營，卻一定溢額的，並且溢得不少，總是溢個加倍。……但是神機營每出起隊子來，是五百人一營的，他卻足足有一千人，假設這五百名是槍隊，也是一千桿槍，……凡是神機營當兵的，都是黃帶子、紅帶子的宗室，他們闊得很呢！每人都用一個家人，出起隊來，各人都帶著家人走，這不是五百成了一千了嗎？……每一個家人，都代他老爺帶著一桿鴉片煙槍，合了那五百枝火槍，不成了一千了嗎？並且火槍也是家人代拿著，他自己的手裡，不是拿了鵪鶉囊，便是臂了鷹。他們出來，無非是到操場上去操。到了操場時，他們各人先把手裡的鷹安置好了，用一根鐵條兒，或插在樹上，或插在牆上，把鷹站在上頭，然後肯歸隊伍。演練起來的時候，他的眼睛還是望著自己的鷹；偶然那鐵條兒插不穩，掉了下來，哪怕練到要緊的時候，他也先把火槍撂下，先去把他那鷹弄好了，還待他理好了毛，再歸到隊裡去。你道這種練法奇嗎？」雖為小說的記載，但士兵帶著家人，扛著煙槍，甚至還帶上鳥，這樣的部隊，戰鬥力估計也就不怎麼樣了。

❖修頤和園

奕譞治軍無方，但在討好慈禧太后方面，卻獨具心得。在恭親王奕訢主政時，曾屢次制止修園，甚至因勸阻同治帝重修圓明園而被開缺。奕譞主持海軍衙門後，卻大肆挪用經費，為太后大建園囿。這又是為何呢？因故宮為封閉式的結構，夏天極熱，清代帝后都喜歡到行宮或園囿避暑。康雍乾三朝，在北京西郊興建了暢春園、圓明園，以及萬壽山（原名甕山，因乾隆帝為給他的母親祝壽，改名萬壽山）的清漪園、玉泉山的靜明園、香山的靜宜園，即「三山五園」。在第二次鴉片戰爭中，英法聯軍將三山五園付之一炬。出於避暑需要，修園似為必須。但當時的清王朝國力已遠非可比康乾盛世，建園費用更是無從談起。奕譞主政後，首先斥資五百八十九萬餘兩白銀，對紫禁城西側的西苑三海（即南海、中海和北海）進行大規模修治，隨後，又以恢復昆明湖水操舊制、設水師學堂於湖畔為由，重新修葺萬壽山殿宇，後改名為頤和園。頤和園工程浩大，耗銀估計在三千萬兩左右。據當時的大學士翁同龢日記的記載：「慶邸晤樸庵，深談時局，囑其轉告吾輩，當諒其苦衷，蓋以昆明易渤海，萬壽山換灤陽。」建園的奧祕就在於頤和園的名字之中，取「頤養沖和」之意，也就是慈禧歸政之後，可以在頤和園頤養天年。奕譞為了讓兒子載湉順利掌權，便用建頤和園這一方法，討得老佛爺的歡心。

此後，慈禧太后表態讓光緒帝親政，奕譞上疏稱：「皇帝才剛剛學到皮毛，諸王大臣都懇請太后能夠繼續訓政，希望太后考慮時局艱難，答應大臣的請求。皇帝現在親政不合適，就算親政也得等二十歲以後再說。而且將來皇帝大婚的典禮，還得聽從太后的訓示。以後朝廷諸事都應該先請太后的懿旨，再奏報給皇帝，這樣可以讓皇帝專心處理政事。」慈禧太后聞奏，做出了一定要還政光緒的架勢，並不讓大臣再討論此事。光緒十三年（一八八七）正月，光緒帝親政。四月，太后下諭預備皇帝大典禮婚，本著力行節儉的原則，命奕譞稽查。光緒十四年（一八八八）九月，奕譞上奏說：「太平湖的府邸為皇帝待過的地方。雍正皇帝的府邸後來升為宮殿，乾隆皇帝認為子孫有從王府而繼承大統的，應當沿用此例。」太后聽從了建議，另外賞賜府第，並撥銀十萬兩。光緒十五年（一八八九）正月，光緒帝大婚禮完成。晉封奕譞的諸子：載灃為鎮國公，載洵為輔國公，載濤賜頭品頂戴、孔雀翎。光緒十六年（一八九〇）十一月，醇親王突發疾病，不久便去世。太后和光緒帝均親自祭奠，謚號為賢，配享太廟。光緒十八年，奕譞葬於北京西山妙高峰。宣統皇帝即位後，定稱號為「皇帝本生祖考」。

❖謹小慎微

奕譞的嫡福晉為慈禧太后之妹，一方面是慈禧給予了奕譞巨大的恩寵，特別是擇定載湉入繼大統，但另一方面則是奕譞小心翼翼，維護慈禧的權威。據陳灨一《睇向齋祕錄》記載，慈禧素來猜忌奕譞，多次想置他於死地。有一次奕譞生病，慈禧便指派多名御醫輪流診治，從內廷送出藥物，偷偷在藥中摻以毒物，因此，奕譞的病越來越重。李鴻章素來與奕譞交好，便派醫生從天津出發為之診治。醫生到後，奕譞不讓醫生診脈，流淚對醫生說：「我開始因受寒發熱數晝夜，吃了藥汗如雨下，以為不能痊癒。太后派御醫一日數至，格外開恩。我因為光緒的原因，長久以來任勞任怨，這次一定長病不起了。你回去告訴李大人，這樣的情誼，我一定沒齒不忘。」這雖為傳聞，慈禧也未必如此狠毒，但奕譞的謹小慎微、兢兢業業可見一斑。

溥儀在《我的前半生》中曾記載：「在我祖父園寢上有棵白果樹，長得非常高大，不知是誰在太后面前說醇王墳地有棵白果樹，『白』和『王』連起來不就是皇字嗎？慈禧聽了立即叫人到妙高峰把白果樹砍掉了。」此事真假莫辨。但令人驚奇的是，慈禧臨死之時，又將奕譞之孫指定為皇帝。由此，奕譞的父親、哥哥、侄子、兒子、孫子均是皇帝。

03

比和珅還貪的王爺慶親王奕劻

奕劻，出生時只是世襲了不入流的「輔國將軍」，卻在幾十年的時間裡，實現了「十連跳」，成為晚清的最後一位鐵帽子王。奕劻庸碌無為，最後卻升至首席軍機大臣、內閣總理大臣；為人貪財，甚至在清帝退位前夕，還收受袁世凱的賄賂，充當勸說清帝退位的說客，親手葬送了清王朝。據報導，奕劻的銀行存款高達七百一十二萬英鎊，真的是比和珅還要貪！

❖ 連越多級

奕劻是清高宗乾隆帝第十七子永璘之孫，父親則為永璘第六子輔國公綿性。按照清朝制度，他可以襲封鎮國將軍，離鐵帽子王還差九個級別。但奕劻的運氣實在是太好了。嘉慶二十五年（一八二〇），奕劻的祖父永璘去世，永璘第三子綿慜襲封郡王。道光十六年，綿慜去世，道光降旨把儀順郡王綿志之子奕綵過繼過去，襲封郡王。道光二十二年（一八四二）奕綵因「服中納妾」被查處，奕綵行賄以求免罪，而奕劻的父親綿性也覬覦王位而行賄。隨後事發，奕綵被剝奪爵位，綿性被發配盛京。永璘第五子綿悌得以繼承郡王爵位，但後來又因事被降為鎮國將軍。綿悌去世後，道光皇帝降旨把奕劻過繼給死去多年的綿慜為子，後奕劻襲輔國將軍。咸豐二年正月（一八五二），封為貝子。咸豐十年正月，因咸豐皇帝「三十萬壽」，奕劻晉封貝勒。同治十一年九月（一八七二），因同治大婚，加郡王銜，授御前大臣。光緒十年三月（一八八四），因慈禧太后罷斥奕訢，因而得以管理總理各國事務衙門，主持外交，並在這年十月晉封慶郡王。十一年九月，會同醇親王奕譞辦理海軍事務。光緒十二年二月，命在內廷行走。十五年因光緒大婚，賞賜四團正龍補服，子載振頭品頂戴。光緒二十年，因慈禧太后「六十萬壽」，懿旨晉親王。奕劻以非近支、無軍功而得以封親王，整個清朝歷史上也僅幾人而已。到了光緒三十四年（一九〇八），奕劻被封為親王世襲，得以實現從輔國將軍到世襲罔替親王的「十連跳」，成為清朝最後一位鐵帽子王。

奕劻為何官運亨通？這離不開慈禧太后和各大列強的大力支持。在管理總理各國事務衙門任內，奕劻與列強建立了良好的關係。據記載，八國聯軍兵臨北京之時，慈禧太后、光緒皇帝倉皇「西狩」，奕劻也在隨扈大臣之列。此時，大學士崑岡等人與總稅務司赫德商議善後之事。赫德認為和議之事，李鴻章來不來無關緊要，但奕劻須「急速回京」，因他在總理衙門多年，「謹慎平和，為各國所欽佩，是以各國均願與慶王爺早日商議和局大事」。由此，奕劻與李鴻章同為議和全權大臣，最終簽訂了《辛丑合約》。溥儀後來回憶道：「辛丑議和是他一生中最重要的事件。在這一事件中，他既為西太后盡了力，使她躲開了禍首的名義，也讓八國聯軍在條約上滿意了。當時人們議論起王公們的政治本錢時，說某王公有德國後臺，某王公有日本後臺……，都只不過各有一國後臺而已，一說到慶王，都認為他的後臺誰也不能比，計有八國之多。因此西太后從那以後非常看重他。」其實，溥儀因為清朝的滅亡，對奕劻的成見頗大。而慈禧太后早就認可奕劻了。同樣據溥儀《我的前半生》中的回憶，榮祿為贏得慈禧太后的歡心，賄賂李連英，讓太太陪太后遊樂，得到不少又好又快的情報，成為太后身邊的紅人。但奕劻與之相比，有過之而無不及。奕劻在李連英那裡花了更多的銀子，而奕劻的女兒即著名的四格格，比榮祿的太太更機靈。如果西太后無意中透露出她喜歡什麼樣的坎肩，或者嵌鑲著什麼飾品的鞋子，那麼不出三天，那個正合心意的坎肩、鞋子之類的東西就會出現在西太后的面前。由此奕劻從同治年間開始官運亨通，在西太后的賞識下，一再加官晉爵，從一個遠支宗室最低的爵位輔國將軍，逐步晉封親王，最後管理總理各國事務衙門。奕劻能力雖然平平，但是站位極準。他從不阿諛其他宗室，只對慈禧太后忠誠，認真貫徹慈禧太后的各項旨意。在義和團運動期間，慈禧太后下旨說向各國宣戰，奕劻便跟著說戰，逃亡路上，慈禧太后說剿義和團，奕劻便跟著說剿。奕劻的貪腐固然是大問題，可是慈禧太后又到哪裡去找一個無條件支持、永遠忠誠的宗室貴族呢？這可能是奕劻飛黃騰達最大的原因。

❖ 賣官鬻爵

簽訂《辛丑合約》之後，依條約規定，改總理各國事務衙門為外務部，外務部位列各部之首，奕劻任總理部事，地位大幅上升。後來，奕劻又進入了軍機處，奉命總理財政、練兵，他兒子載振也當了商部尚書。據說，奕劻父子開了一家「慶記公司」，商品就是官爵，明碼標價，童叟無欺。儘管常有御史參劾他們貪贓枉法，賣官鬻爵，卻都無濟於事，奈何不得。如御史張元奇彈劾載振宴集召歌妓侑酒，未果。御史蔣式瑆「風聞上年十一月慶親王奕劻將私產一百二十萬送往東交民巷英商滙豐銀行收存。奕劻自簡任軍機大臣以來，細大不捐，門庭如市。是以其父子起居、飲食、車馬、衣服異常揮霍，尚能儲蓄鉅款。請命將此款提交官立銀行入股。」結果，蔣式瑆被斥回原衙門。據《光緒朝東華錄》記載，御史趙啟霖彈劾稱：「在段芝貴，以無功可紀，無才可錄，並未曾引見之道員，專恃夤緣，驟躋巡撫，誠可謂無廉恥；在奕劻、載振父子，以親貴之位，蒙倚畀之專，唯知廣收賂遺，置時艱於不問，置大計於不顧，尤可謂無心肝！不思東三省為何等重要之地，為何等危迫之時，改設巡撫為何等關係之事，此而交通賄賂，欺罔朝廷，明目張膽，無復顧忌，真孔子所謂是可忍孰不可忍者矣！」《清史稿》中也記載稱：「段芝貴善於迎合，上年貝子載振往東三省，道經天津，芝貴以萬二千金鬻歌妓以獻，又以十萬金為奕劻壽，夤緣得官。」這就是說，直隸候補道段芝貴用白銀一萬兩千兩贖出歌妓送給載振，又送給奕劻十萬兩白銀，才破格當上黑龍江巡撫。在當時以道員升至布政使、按察使、學政尚且不易，更何況以布政使銜而署理黑龍江巡撫，而段芝貴只是候補道，連道員都不是，可見這一破格提拔是多麼誇張。更何況，當時的東北，剛剛經歷日俄戰爭，帝國主義在東北的爭奪極為激烈，東北的情況極為複雜，奕劻父子還敢賣官鬻爵，置民族與國家的利益於不顧。段芝貴因此被免官，但同時御史趙啟霖也被免職。清朝吏治之腐敗，從此可見一斑，焉有不滅亡的道理！

奕劻賣官甚多，留下了很多段子。陳灨一在《睇向齋祕錄》曾記錄這樣一件事，奕劻統領軍機處十餘年，貪財，推薦人選時，不問才能只看賄賂的多少。軍機處改組時，出現一個空缺，奕劻推薦英秀，那桐、徐世昌則推薦華世奎。攝政王載灃考慮再三，因華世奎資歷、才幹遠勝英秀，就依照那桐、徐世昌的推薦任命了。奕劻聽聞大怒，說：「閣臣應該是總理大臣的親信之人。醇親王載灃不明此理，那桐、徐世昌也不應該越權干涉。」然而，華世奎就任之後，辦事得力，深得奕劻的賞識，奕劻又說：「華世奎遠超英秀啊。」自己收受賄賂的，果然不如憑本事推薦上來的，不知道奕劻有沒有悟出這個道理！

❖ 葬送清朝

奕劻貪財又識人不清，事實上，正是因為奕劻長期接受袁世凱的賄賂，最終把清王朝送上了絕路。袁世凱起初與奕劻的關係非常一般，結交的朝中親貴只有慈禧的心腹榮祿。傳言奕劻曾對人發牢騷說：「袁慰亭只認得榮仲華（榮祿字），瞧不起咱們的。」那麼，後來為什麼袁世凱又與奕劻結交了呢？《張謇傳記》的記載解開了這個謎底。榮祿病重，京中盛傳奕劻將入值軍機處，袁世凱聞風而動，派楊士琦帶銀票十萬兩前去賄賂，奕劻欣然收下。奕劻、袁世凱因此交結，兩人從此一內一外，左右政局，奕劻甚至將袁世凱的手下全部提拔，任命徐世昌為東三省總督兼管三省將軍事務、唐紹儀為奉天巡撫、朱家寶為吉林巡撫，賞段芝貴布政使銜，署理黑龍江巡撫。一時之間，整個東三省均為袁世凱之親信。後世有學者統計稱：「自從奕劻主中樞後，由袁授意汲引，經奕劻薦舉，而得到慈禧太后擢升的有：軍機大臣徐世昌，丞參梁士詒、楊士琦、梁如浩，尚書梁敦彥，侍郎唐紹儀、嚴修、趙秉鈞，巡撫楊士驤、朱家寶、馮如騤、吳重喜等人。還有已為黑龍江巡撫，不久被參降調的段芝貴。」這樣，在奕劻的一手幫扶下，袁世凱的勢力逐漸坐大，以至於宣統初年載灃決定除掉袁世凱之時，曾詢問奕劻的意見，奕劻答道：「殺袁世凱不難，不過北洋軍造起反來怎麼辦？」即以袁世凱的勢力太大為由保住了袁世凱的性命。後清廷正式撤銷軍機處，成立責任內閣，以慶親王奕劻為總理大臣，那桐、徐世昌為內閣協理大臣，人稱皇族內閣。武昌起義爆發後，奕劻、那桐等力主起用袁世凱，後袁世凱被任命為內閣總理大臣。袁世凱大權獨攬之後，擁兵自重，實行逼宮。據溥佳回憶，此時奕劻還接受袁世凱賄賂的白銀三百萬兩，並遊說隆裕太后接受退位條件。在清朝存亡之際，奕劻依然不忘斂財自肥，恐怕這是絕無僅有的了吧。

清帝退位後，奕劻舉家遷入天津租界。一九一八年奕劻去世之前，曾給溥儀遺折一封：「臣忝列藩封，夙承恩眷，自當差以來，歷管總理各國事務衙門及神機營、海軍衙門事務，材輇任重，無補涓埃。庚子歲海氛不靖，辱荷恩知，付以留守重任，並與大學士直隸總督李鴻章同辦和議事宜。仰稟廟謨，幸勿隕越。洎鑾輿返蹕，海宇又安，外務忝膺，樞機旋秉，愧乏墜露輕塵之效，莫酬天高地厚之任。及乎兩聖升遐，皇上繼統，時局彌棘，報稱益難，直至辛亥之冬，改組內閣，仔肩得卸，幸保餘年。不謂福薄災生，數載以來，疾病淹纏，迄未能一奉朝請。」奕劻在遺折中倒也沒有拔高自己的功績，而是流露出稍許退而歸隱的心境。或許，人之將死其言也善。奕劻去世之後，溥儀雖依照舊例，賞給陀羅經被和治喪經費若干，派貝勒載濤前往祭奠，並允許其子載振承襲親王爵位，但溥儀對奕劻極為不滿，當聽聞內務府大臣擬諡號為「哲」，溥儀直接否決說：「奕劻貪贓誤國，對不起列祖列宗，大清二百多年的天下，因奕劻而壞之。」最後經過各位大臣的懇求，才定下諡號為「密」，意思是讓他「追補前過」。

04

川島芳子的生父肅親王善耆

善耆，滿洲鑲白旗人，清代第十世肅親王。善耆是晚清時期清廉官員的代表，被時人讚為：「使天下辦事人盡如肅王，何患不百廢俱興焉！」他不僅清廉，也勇於任事，是晚清新政重要的推行者，堅定站在改革的一方，甚至與部分革命者交往過密，展現其開明施政、銳意進取的一面。可是，清朝滅亡後，善耆卻勾結日本，妄圖復國，最終被時代的車輪無情地輾過，被時代所拋棄。更可悲的是，善耆為光復清朝的大夢最終還葬送了女兒顯玗一生的幸福。

善耆的祖先是清太宗皇太極的長子豪格。豪格在明末清初的戰爭中戰功赫赫，卻因與多爾袞有矛盾，被下獄而死。順治親政後，冤獄昭雪，追封豪格為和碩肅親王。

善耆長大後封二等鎮國將軍，歷任乾清門頭等侍衛、管理正白旗漢軍副都統、鑲紅旗護軍統領等職。善耆的父親、第九世肅親王隆懃去世後，善耆得以襲封肅親王。

❖官聲甚佳

一九〇〇年八國聯軍進攻北京，善耆扈從慈禧太后與光緒帝西逃，據說路上善耆對光緒帝關照有加。到山西大同後與慶親王奕劻同時回京，會同李鴻章辦理交涉事宜，在這個過程中，他認識了日軍翻譯官川島浪速，後來，善耆聘用川島浪速幫助建立巡警制度，並將女兒過繼給了川島浪速。這年十月，善耆負責管理崇文門稅關。

清朝時期崇文門稅關直屬朝廷，是當時的稅收機構總局，也是皇家的提款機。據記載，後宮的妃子、公主們的月錢就是由該稅關支出的。清廷對該稅關非常重視，一般只有滿族的王公大臣才有資格任正監督，為了防止營私舞弊、貪贓枉法，朝廷原則上每年調換一次該衙門的正、副監督。崇彝曾在《道咸以來朝野雜記》中說：「余充崇文門稅關幫辦委員，歲約可得四五千金。據云派委所入視此不止倍蓰，監督歲入亦不過數萬金。彼時視此差遂為京官最優者。」以至有人戲稱說：「生不願封萬戶侯，但願一管崇文門」。儘管有嚴密的防範措施，但崇文門稅關依然是親貴中飽私囊的肥缺，往往一任下來，可以獲得白銀萬兩，乾隆時期的和珅就曾連任監督八年，成為其斂財的主要來源。但善耆在這一肥缺上，做法卻與眾不同，他停止了以往假公濟私的陋習，整頓機構，著力考查屬員的廉潔與否，因此遭到了眾多旗人的非議。經過整頓，崇文門收稅事務得以改觀，國庫收入也大增。因此，善耆獲得了很好的名聲。孫寶瑄曾在《忘山廬日記》中這樣評價善耆：「得材幹之人易，得廉潔之人難；得廉潔之人易，得廉潔而能體下情之人難。使天下辦事人盡如肅王，何患不百廢俱興焉！」對待這樣清廉而有才幹的善耆，慈禧太后內心是無比讚賞，但同時也不由得發出感嘆：如果都像善耆那樣，誰還願意當這個崇文門稅關的監督啊！

光緒二十八年（一九〇二），兩宮還京，善耆被任命為步軍統領兼工巡局大臣。工巡局是新設的市政機構，在善耆的領導下，建立新式警察機構，創建了北京的巡警制度。善耆在工巡總局之外設了中東西三個分局，又在外國使館區域設立了分巡處。在善耆的主持下設立路工局，負責修築北京內外城馬路，經他的奏請，在神機營操場附近劃出一塊地建成東安市場，極大改變了北京城的風貌。今天，東安市場這一舊稱很多人不知道，但現稱王府井卻無人不知。之前神機營的操場路面泥濘，功能單一，幾乎沒有商業設施。神機營不遠處為新設的使館區，隨著周邊的外國人越來越多，此處的商業價值日益凸顯，於是善耆便奏請建立東安市場，整修道路，鼓勵商業發展，一時之間，東安市場成了北京內城最繁華的所在地。然而，也有人不滿意他的措施，藉口其交通、報館、警政等管理不嚴，導致革命黨人混入京都，又正好遇到吳樾暗殺出洋五大臣事件，因此，朝廷就任命徐世昌取代善耆。

光緒三十一年（一九〇五），善耆出任理藩院管理院務大臣。理藩院是清朝負責管理蒙古、新疆、西藏等少數民族地區事務的衙門，善耆以親王身分負責管理院事。善耆的一個妹妹還嫁給蒙古喀拉沁王，這有利於加強他與蒙古王公的聯繫。善耆考察蒙古後提出在蒙古實行新政的四點意見：設立工廠、改良馬匹、興修水利、修築鐵路，為蒙古地區的近代化描繪了藍圖。

❖ 新政先鋒

歷史進入二十世紀後，國內的政治形勢發生了明顯的分化：一方面，以孫中山為代表的資產階級革命派主張暴力推翻清朝統治，不斷發動武裝起義，逐漸取得民眾的支持；另一方面，資產階級改良派要求改良政治、設立議會、制定憲法，推行君主立憲制的呼聲也日益高漲。一九〇四至一九〇五年日俄戰爭中，隨著日本戰勝了沙俄帝國，「立憲戰勝專制」一說甚囂塵上，經濟實力甚強的民族資產階級大力推動，也有以袁世凱、張之洞為代表的地方督撫不斷上奏，立憲終於成為不可阻擋的洪流。為了了解國外形勢，也迫於輿論壓力，清政府於一九〇五年年底派遣載澤、戴鴻慈、端方、尚其亨、李盛鐸等大臣分赴歐美、日本考察憲政。考察歷時數月，載澤覆命時奏稱立憲有三大利：一曰「皇位永固」，二曰「外患漸輕」，三曰「內亂可彌」。認為一旦實行立憲，革命將「無詞可借，欲倡亂而人不肯從」。簡而言之，載澤等人認為立憲是大勢所趨，是挽救清王朝日益嚴重危機的最佳方法。同時，他們還指出仿照德國、日本來實行立憲最有利於清廷的統治。清廷隨後決定「預備仿行憲政」，發布《預備立憲上諭》，首先指出立憲的原則是「仿行憲政，大權統於朝廷，庶政公諸輿論，以立國家萬年有道之基」；同時指出，立憲的步驟：「目前規制未備，民智未開，若操切從事，塗飾空文，何以對國民而昭大信。故廓清積弊，明定責成，必從官制入手，亟應先將官制分別議定，次第更張，並將各項法律詳慎釐定」；確定了立憲的基本內容為改革官制、制定法律、興辦教育、整理財務、整治武備、設立巡警等。至於推行立憲的具體時間，則說得較為含糊，「俟數年後規模初具，查看情形」，再行確定。

根據預備立憲的要求，善耆就任民政部尚書，這是一個巨大的挑戰。一方面民政部是推行新政的重要機關，責任重大，既要承擔全國警政的職責，也要負責新聞審察，還要負責首都市政建設，甚至要推進地方自治等體制改革；另一方面善耆面對的政治情形卻極為複雜，清廷、立憲派、革命派訴求多有不同，如何平衡各方勢力、維護清廷利益是極為艱巨的挑戰。清政府宣布「預備仿行憲政」後卻一味拖延，毫無立憲誠意。清廷的改革被時人評為「改革官制，視為具文，集權中央，跡近專制」，甚至有人撰文譏諷為：「政府主倡立憲之結果，適足愈鞏固專制勢力耳」。資產階級立憲派外感於亡國滅種威脅日益增加，內鑒於革命風潮風起雲湧，迫切地希望加快立憲步伐，以消弭革命、挽救危機。一九〇六年十二月，來自江蘇、浙江、福建商學界兩百多人在上海成立了預備立憲公會，推選鄭孝胥為會長，此後，湖北憲政籌備會、湖南憲政公會、廣東自治會、貴州憲政預備會等立憲團體紛紛成立。立憲團體成立後，資產階級立憲派進而要求速開國會、限制君權，興起國會請願運動，希望以此實現真正的君主立憲制。一九〇七年秋，楊度、熊范輿、沈鈞儒等上書都察院，奏請在一二年內召開國會，逐漸形成洶湧的民意浪潮。一九〇八年夏，各省代表紛紛入京，請願召開國會。一九〇九年，各省諮議局成立，資產階級立憲派借助諮議局議員的合法地位，聯合紳商學界，再度發起國會請願運動。各省諮議局請願代表齊聚北京，遞交請願信，呼籲朝廷盡快立憲。在立憲派的努力下，立憲已成為清朝有識之士的共識，人們普遍相信，日本之所以能夠強盛，最根本的原因就是實行立憲，因此，只要在清朝實行立憲，所有問題就能迎刃而解，清朝就能擺脫亡國滅種的危機，屹立於世界強國之林。請願浪潮日益洶湧，攝政王載灃陷入了兩難，不立憲就是違背民意，但真立憲的話，滿洲貴族就會喪失執政大權。在這樣的情況下，清廷官員認為，最保險的措施就是對立憲問題不接觸、不參與、不表態，這樣可以保證絕對不會在政治上犯錯。但民政部尚書善耆成了特例，他主動接見請願團的代表們，一邊介紹預備立憲工作的進展，一邊認真記錄請願代表的意見。據記載，當時聊著聊著，善耆突然甩掉頂戴，唱起京劇《空城計》中的「先帝爺白帝城龍歸天境」，扔掉頂戴，難道意味著丟官？唱起京劇，更不知道演的是哪一齣？善耆為何要做這出人意料的行為？到底有何深意？有人試著進行了解讀，「先帝」即光緒帝，也就是光緒在世之時，已經推行立憲，絕對不會像攝政王載灃一樣阻礙立憲的推行。但善耆未必有意抬高光緒帝、貶低攝政王載灃，更談不上礙於身分不便挑明對改革的支持，因為在京城重地，隨意表態會招致事端進而禍及自身，得罪攝政王更是有百害而無一利，善耆的本意可能就是無法表態，只能用此舉化解尷尬，敷衍塞責而已。

❖ 阻撓革命

宣統二年（一九一〇），汪精衛刺殺攝政王載灃失敗被捕。如何審判汪精衛，成為一個燙手的山芋。如果不處理，此後此類事件會愈演愈烈；如果判處汪精衛死刑，無疑又會增加革命者的聲望，清政府的反動獨裁的惡名便無法洗脫，革命浪潮也會愈演愈烈，正如載灃所說的「黨禍日夕相尋，恐益重其怒」。依照流程，此案應由民政部移交大理院，大理院依法審判，那麼汪精衛必死無疑。民政部尚書善耆曾以探監為名，與汪精衛多次密談，汪精衛後來回憶說：「救我命的是肅親王。肅親王為使我拋棄革命的決心，用盡了種種方法。曾經有一次，把我帶到法場上，逼迫我變更革命的決心。他常常到監獄中來，與我談論天下大事，談論詩歌。我能免一死，也許是有一種政治的作用的。」汪精衛甚至將善耆稱為「清末的偉大的政治家」。在汪精衛看來，「救汪精衛」的善耆是一位政治家，可他並沒有真正同情革命，只是從清廷的現實利益考量出發，恩威並施，淡化甚至消除革命的影響。最終，在善耆等人的勸說下，攝政王載灃「作釋怨之舉，博寬大之名」，由民政部決定以擾害治安定擬，判決「處以無期徒刑」，汪精衛得免一死。這展現了善耆寬容與和解的姿態，也體現出一位政治家的「胸懷」。善耆後來對那個風起雲湧的革命時代做了一個精闢的總結：革命思想之所以興起，那是由於政治不良基因所致，這在歷史上已經被法國、葡萄牙等國的革命所證實。如果一國政治能夠得到民眾的信任，那麼想要革命也不會有人回應。因此，如果要根絕革命運動只能實行良政，沒有別的辦法。然而，清王朝上自親貴、下至小吏，不知道政治為何物，只知肥私而損公。這樣下去，失去天下之人心，趨勢已無限接近亡國。

一九一一年五月奕劻組閣，善耆任民政大臣，八月調任理藩大臣，十一月因袁世凱上臺組閣，善耆便辭職退出了。南北議和之時，善耆與良弼、鐵良、溥偉等堅決反對共和，堅持君主制，與主張清帝退位的奕劻等人勢同水火。在御前會議上，善耆說：「如果是政治革命，那麼朝廷已經答應推行立憲的時間表；如果是種族革命，那麼蒙、回、藏將置於何地？袁世凱在戊戌變法之時，就反對變法，現在又主張更改國體，反覆無常，實在不能寄希望於袁世凱。」一九一二年一月二十六日，良弼被革命黨人彭家珍炸死，皇族親貴如鳥獸散，紛紛逃離北京。鼎革之際，「開明」的善耆卻選擇了對清王朝無比忠誠，倒是貪腐不亞於和珅的奕劻等人，卻選擇「順應歷史潮流」。

❖復辟夢碎

清帝退位後，善耆先去了天津，後來又到了時為日本租借地的旅順。善耆在流亡路上，曾經賦詩言志：「幽燕非故國，長嘯返遼東。回馬看烽火，中原落照紅。」在川島浪速等人的幫助下，善耆等在旅順組織宗社黨。一九一二年七月，善耆與川島浪速簽訂誓書，出賣東北路權、礦產，妄圖爭取日本支持，復辟清朝統治。一九一六年，在川島浪速的鼓動下，善耆招募馬賊兩千餘人，與蒙古馬隊首領巴布扎布勾結，舉兵反叛。後來，巴布扎布被擊斃，「第二次滿蒙獨立」宣告失敗。此後，善耆再也無力從事復辟活動。

失敗之後，善耆把全部的希望寄託在子女身上。他的三十八個子女，絕大多數進了日本的學校，其餘三子分別去了英國、德國、比利時。善耆希望其子女學成之後，不做中國民，也不做中國官。復辟之夢雖然破滅，但是皇族血脈不會割斷，或許，在善耆的心目中，只要身上還流著愛新覺羅氏的血液，就有重回清朝的一天。只是，辛亥革命結束了君主專制，法治取代了人治，國民取代了臣民，歷史的車輪滾滾向前，逆歷史潮流必將為歷史所淘汰。

一九二二年三月二十九日，善耆病死於旅順。其第十四個女兒顯玗被送予川島浪速，後來成為怙惡不悛的日本間諜川島芳子。從這個層面上來看，這不僅僅是善耆的個人悲劇，也造就了其女兒罪惡的一生。

後記

在本書即將付梓之際，還有幾句話要告知讀者朋友們。

二〇一九年，承國防大學出版社馮國權主任的邀請，我和幾位編者開啟了對清代鐵帽子王的探索。一提到「鐵帽子王」，大家可能首先想到的是清代那些永遠不會被撤掉的王爵，由此衍生出了世人對「鐵帽子王」的一種理解：特權。那麼，到底什麼是「鐵帽子王」？究竟哪一類人才能成為「鐵帽子王」呢？為什麼說「鐵帽子王」是一種特權呢？

其實，「鐵帽子王」本是民間的一種俗稱，其官方名字叫「世襲罔替」，是清代親王封爵制度的一種。一般來說，中國古代皇室的爵位分封，都是隨著輩分的降低而逐世遞減的，但是到了清中期，為了表彰宗室在清王朝開國之初所立下的汗馬功勞，乾隆皇帝一改親王「世襲降等」舊規，確定了清代親王制度的最高等級：「世襲罔替」。但凡獲得這一殊榮的爵位，無論以後承襲多少代，爵位永遠不降等，這是其第一個特權。第二個特權是年薪優厚：每年俸銀一萬兩，祿米一萬斛。第三個特權是住房：擁有世襲罔替的王府一座，也就是民間所說的「鐵帽子王府」。

可以說，「世襲罔替」的親王是除了皇帝之外最尊貴的皇家子弟，這麼無上的榮尊並不是隨便一個皇室成員就能得到的，有清一代，能夠成為「鐵帽子王」的只有本書中提到的十二家，前八家是功封，後四家是恩封。不管是哪一種分封，「鐵帽子王」都是對首位封爵者佐命之功的肯定。後世子孫雖然可以承襲先祖留下來的這頂「鐵帽子」，但是如果承爵之人碌碌無為，甚至渾渾噩噩，仗著祖宗的功績為非作歹，這頂「鐵帽子」也是隨時可以換人的。也就是說，清代的「鐵帽子王」的「鐵」僅指的是爵位以及附著在上面的待遇的「鐵」，至於受封之人，則要看人了。

關於清代十二家「鐵帽子王」的史料很多，專著也不少，像吳玉清、吳永興的《清朝八大親王》、墨爾根覺羅．永寧所寫的《清朝十二王》等，多是按照家族順序寫成。本書在先賢基礎上，打破家族界線，以時間為序，突出清代「世襲罔替」的親王封爵制度的歷史演變，真實地再現了十二家王爺們在清王朝創立、發展中的歷史貢獻。

參與本書撰寫的有高文文（陸軍裝甲兵學院）、杜旭靜（陸軍裝甲兵學院）、張傑巍（陸軍裝甲兵學院）、王敏（陸軍裝甲兵學院）、翦研（北京市昌平區天通苑南街道辦事處）、徐森（浙江省永嘉中學）、孫大樂（陸軍裝甲兵學院）。

另外，特別感謝馮國權教授對本書的精心指導與幫助。限於作者程度有限，書中的不足或謬誤之處，還請廣大讀者批評指正。

大清十二鐵帽子王

作　　者　高文文

發 行 人　林敬彬
主　　編　楊安瑜
編　　輯　高雅婷
封面設計　蔡致傑
編輯協力　陳于雯、高家宏

出　　版　大旗出版社
發　　行　大都會文化事業有限公司
11051 台北市信義區基隆路一段 432 號 4 樓之 9
讀者服務專線：（02）27235216
讀者服務傳真：（02）27235220
電子郵件信箱：metro@ms21.hinet.net
網　　　址：www.metrobook.com.tw

郵政劃撥　14050529 大都會文化事業有限公司
出版日期　2022 年 11 月初版一刷
定　　價　420 元
I S B N　978-626-95647-6-7
書　　號　History-136

Metropolitan Culture Enterprise Co., Ltd.
4F-9, Double Hero Bldg., 432, Keelung Rd., Sec. 1,Taipei 11051, Taiwan
Tel:+886-2-2723-5216　Fax:+886-2-2723-5220
E-mail:metro@ms21.hinet.net
Web-site:www.metrobook.com.tw

◎本書由華中科技大學出版社授權繁體字版之出版發行。

國家圖書館出版品預行編目（CIP）資料

大清十二鐵帽子王 / 高文文　著 . -- 初版 -- 臺北市 : 大旗出版 : 大都會文化發行 ,2022.11 ; 320 面 ; 17×23 公分 . -- (History-136)
ISBN 978-626-95647-6-7(平裝)

1. 傳記 2. 家族史 3 清代

782.17　　111001482